老いも孤独もなんのその

「ひとり老後」の知恵袋

精神科医
保坂隆

明日香出版社

◎はじめに
実は老後のシングルライフには夢があふれている

独居老人、つまりひとり暮らしの高齢者が増えています。

内閣府の「令和4年版高齢社会白書」によると、1980年には男性約19万人、女性約69万人だった65歳以上のひとり暮らしは、2020年には男性約230万人、女性約440万人にまで増加しています。

この数字はさらに大きくなり、2040年には男性約360万人、女性約540万人になると予測されています。約20年後には65歳以上の高齢者の4〜5人に1人がひとり暮らしになるのです。

人生百年時代を迎え、「シニアといわれるようになってからをどう生きるか」が大きなテーマになりつつあります。

さらに言えば、「ひとり暮らしになってからどう生きるか」は、ますますクローズアップされてくるでしょう。

妻または夫との死別、熟年離婚、子供たちの独立などなど、ひとりになる理由はさまざまでしょうが、備えあれば憂いなし、〝その日〟に備えて心の準備をしておく必要があります。

実際、ご主人に先立たれ、心にポッカリと空いた穴を埋められずに、うつ状態になってしまった方もいます。

奥さんや子供に出て行かれ、孤独感にさいなまれ、すべてのやる気を失ってしまった方もいます。

そうならないためには一に準備、二に準備です。

この本は、すでにひとり暮らしを始めている方、これからひとり暮らしになる予定の方、あわよくばひとり暮らしをしてみたいと目論む方が主な対象です。心の準備のしかた、近隣の人たちとのコミュニケーションの取り方、毎日の生活の心得、衰えゆく脳をどう活性化させるか、といったことを精神科医の立場から書かせてもらいました。

これまでの人生では、自分の意のままにならないこともあったかもしれません。こうすればよかったという後悔もあるかもしれません。そうした思いは、これからの人生ですべて払拭できるのです。

まさにゼロからのスタート。それが「ひとり老後」です。これからは何から何まで、すべてを自分で決めることができます。若い頃、夢見ていたことにチャレンジするのもいいでしょう。かつて挫折したことに再挑戦することもできるのです。

「ひとり老後」というと、誰とも関わりを持たない、寂しいイメージを抱いていませんか。

しかし、断言しておきますが、そのイメージは間違っています。考えてみてください。これからは現役時代の責任と束縛から解放され、限りない自由が楽しめるのです。医療の発達で寿命も伸びました。高齢者と呼ばれる人でも、昔と比べるとはるかに健康で若いのです。

しかも、ひとり暮らしでは、残されたたっぷりの時間を誰に遠慮することなく、自分のためだけに使えるのです。こんな幸せなことはないでしょう。明日からのことを思い浮かべるだけでワクワクしてきませんか。

どうぞ本書で、生き生きとしたシングルライフを手に入れてください。

２０２３年２月

保坂 隆

★もくじ

第1章 「ひとり老後」を始める際に知っておきたいこと

第2章 シニアの人づきあいには独特なコツがある

第3章

今あるお金とうまくつきあっていく

第4章

習慣を変えれば脳も身体も元気になる

《生活習慣編》

《食習慣編》

第5章

無用な不安を手放して おだやかに生きる

プロデューサー：中野健彦（ブックリンケージ）
編集協力：幸運社／寺口雅彦（文筆堂）
校正：植嶋朝子
カバーデザイン：西垂水敦・市川さつき（krran）
カバーイラスト：ながのまみ
本文デザイン：石川直美
本文イラスト：富永三紗子
本文ＤＴＰ：伏田光宏（F's Factory）

第1章

「ひとり老後」を始める際に知っておきたいこと

◎「これから何をしようか」と悩めるほどの贅沢はない

今が、ひとり暮らしを始めて1週間ほど経った頃だとしましょう。一日に流れる時間の感覚が少しだけわかってきたかもしれません。もちろん現役時代のような忙《せわ》しなさはないし、家族がいた頃のなんとなく追われるような気分もない……。

とにかく時間がゆっくり流れていくことが実感できるでしょう。実際、もてあますほどの時間があるのです。もちろん、「ひとり暮らしになったらこれをやりたい」ということがはっきりしているのなら、さっそくトライしてみるといいでしょう。

しかし、ひとり暮らしを始めた人がみな、やりたいことを温めてきたわけではないでしょう。とりたててやりたいことが見つからないケースだって少なからずあるはずです。そのケースのほうが多いかもしれません。

なにしろ、仕事のこと、家のこと、子供のことなどに忙殺されてきたのです。それ以外の目標や夢を見つけるのは意外と難しいものです。

突然のようにできた時間に戸惑ったり、「何かやらないとまずい……」という思いに駆られて焦ったり、気分がふさぐかもしれません。

しかし、焦ることはありません。

あなたは今、富士山の裾野のような、だだっ広い場所にいるのです。上に行こうが下に行こうが右に走ろうが左に歩こうが、すべてあなた次第なのです。まずは大きく息を吸って深呼吸でもしてあたりを見渡してください。

そして「時間を贅沢に使ってやろう」と覚悟を決めてしまうことです。

若い頃、途中で断念してしまった長編小説をじっくり読むのもいいし、観たかった映画のDVD三昧《ざんまい》の一日があってもいいし、気分転換にぶらりと散歩に出るのも大いにけっこうです。

実際にやってみるとわかるでしょうが、そうした日々は思った以上に豊かで充実しています。目的を持って何かやるということばかりが充実感をもたらすわけではないのです。

気分的にあくせくせず、「今日は何をするかな」とゆったり構えていると、ふっと「これをやってみようか」というものが必ず見つかるでしょう。

そして、「それが終わったらこれ」「その次はこれ」と、目の前に次から次へと道があらわれることもあります。今、先が見えないからといって気に病む必要などないのです。

とにかく今は、この先に思いを馳せて、「これから何をしようか」と悩むのはとても贅沢で豊かな時間なのだと実感してください。

◎もう一回、生き直すくらいの時間が残されている

どんな事情があったのかはさておき、高齢といわれる年代になってから「ひとり」になったあなた。やりたいことはいろいろあるけれど、「でも時間がなあ……」「もう若くないし……」などと諦め気味かもしれません。

しかし、**あなたのこれからの人生に時間的な制約はありません。**

人生は八十年時代から百年時代へと移り変わりつつあります。現代のシニアは、まだまだ想像以上に長い残り時間を与えられているのです。ざっと計算すると、これからの時間は10万時間もあるのです。

10万時間というのは、20歳から60歳まで働いた場合の総労働時間とほぼ同じだといわれています（現役時間は一年250日、一日10時間働いたとして

計算。定年後は60歳から80歳まで、一日から睡眠時間を引いた14時間を自由に使える時間として計算)。単純計算では、もう一回、生き直すくらいの時間が残されているということです。

もちろん、これからはすべての時間が、誰のためでもない自分の時間。何もせずにダラダラすごすのもＯＫです。

しかし、それではすぐに退屈してしまうでしょう。なにしろ、これまで頑張って働いてきた時間と同じくらいの時間が残されているのですから。

「本当は○○になりたかった」「あんな人生もよかったかも」と思うことがあれば、これから改めてスタートを切ってみましょう。

たとえば、国家資格に挑戦する、田舎暮らしを始める、古典文学全集を読破する……。してみたいことに思いを馳せるだけでも、胸がときめいてきませんか。

◎老いることを嘆かず面白がる

「ひとり老後を楽しむ」というと、いかにもありふれた表現になってしまいますが、人生を楽しんで生きようとする気持ちがあるからこそ、人間は若々しくいられるのです。毎日を楽しむことができなくなったら、老いの寂しさや虚《むな》しさにとらわれ、前向きには進めなくなってしまうでしょう。

どんな人でも年齢を重ねて体が弱ったり、物忘れが進んだり、白髪が増えたりするのは嫌なものです。口では「もう年だから肌の衰えは気にしない」「今さらおしゃれをしてもしかたない」などと達観したふりをしていても、内心では「なんとかならないか」と、ため息をついたり、嘆いたりしているのではないでしょうか。

ところが、尊敬すべき人生の先達《せんだつ》の中には、どんなに困った場面でも、そのときの状況を楽しみながら、人生を面白がっている人がたくさんいます。

現在80歳の作曲家・三枝成彰《さえぐさしげあき》さんは、4年ほど前に「日刊ゲンダイ」の自身の連載コラム『中高年革命』の中でこう述べています。

「新しい年を迎えた時、中高年は『また1つ年を取るのか』と感傷的な気分に浸りやすいかもしれないね。でも実際は、いくつになっても何かを始めるパワーはあるんだよ。落ち込む必要なんて全然ないね」

また、経営コンサルタントの堀紘一氏（77歳）はこう言います。

「人間は守りに入ると老化が始まる。好奇心をなくしたり、リスクを避けようとしたら危ないね」

おふたりとも意気軒昂《いきけんこう》で、年齢というものを感じさせません。

いつまでも若々しい人に共通しているのは、好奇心が強く、どんなことに

も関心を持って、いつもアンテナをピンと立てている点でしょう。

できないことがあっても、「この動作は先週までできていたのに、今日はできなくなった。これは面白い」というように、マイナスにとらえるのではなく、面白い出来事としてとらえる心が、若さを保つ最大のカギのようです。

故・赤瀬川原平さんは、物忘れをする、ため息をつくといった高齢者にありがちな現象や行動を「老人力がついてきた」といい、ポジティブにとらえました。１０１歳まで生きられた家事評論家の吉沢久子さんも「衰えを面白おかしく感じながら生きているんです」という言葉を残しています。

「年だから」「できないから」と、心が後ろ向きになったときから、老いは加速します。逆に言えば、**老いをポジティブにとらえる習慣がつけば、しなやかな心でいつまでも人生を楽しめるのではないでしょうか。**

◎自分らしく楽しめる趣味の見つけ方

ひとり暮らしの生活を楽しいものにするひとつは「趣味を持つこと」です。好きな趣味にたっぷり時間を費やせるのは、24時間を自分のために使えるひとり暮らしの特権かもしれません。

なかには趣味が素人の域を超え、それが生計の足しになっているという、なんとも羨ましい人もいます。

数年前に奥さんを病気で亡くし、ひとり暮らしの松本さん（76歳）は、若い頃、一度始めたものの、なかなか時間がとれなくて頓挫した革細工を50年ぶりに復活させました。

若い時代と違って、時間がたっぷりあるからか、いろいろとアイデアも浮かび、札入れなどを作り上げました。

それを見た同年代の友人から「材料費と製作費は出すから自分にもつくってほしい」と言われ、二つ返事で引き受けました。完成品を見たその友人は大喜び。次第にその輪が2人3人と広がり、今ではネットで通販まですするようになっています。

しかし、時間があるからといって、あまりに意気込んでかかるのは考えものです。とりわけスポーツなど体力を要する趣味は要注意。これからはいつでも好きな時間に……などと張り切って打ち込み過ぎると、オーバーワークになり、ドッと疲れが出たり、体調を崩したりする可能性があります。**体力は確実に落ちています。ほどほどを心がけることが大切です。**

また、趣味は「これ」と決めないで、興味が湧いたものには何にでも手を出すのがおすすめです。松本さんのような玄人はだしのレベルに誰でもがなれるわけではありません。あくまでも自分が楽しむことが第一ですから、その対象はたくさんあったほうが断然、楽しみの幅が広がってくるのです。

〝下手の横好き〟レベルでかまいません。多彩な趣味を持つことが、ひとり暮らしをするあなたの時間を豊かにするのです。

さらに言えば、**ひとりでやる趣味と複数人でやる趣味を併せ持つのもポイントです。**

前者は思い立ったらいつでもできるのが強みですが、それだけだとどこかで孤独を感じてしまうかもしれません。

一方、後者は相手の都合でなかなか決まらないこともあるでしょう。待ち続けることでイライラが募ってしまうこともあるかもしれません。

だからこそ、バランスよく両者を楽しむ必要があるのです。

◎年齢がハンデではなく強みになる時代

みながみな、ひとり暮らしというわけではありませんが、最近はシニアの〝活躍〟を目にしたり耳にする機会がますます増えてきました。若い人たちの独擅場《どくせんじょう》と思われていたYouTubeやツイッターなどにも登場し、かなりの数のフォロワーを獲得している人も少なからずいらっしゃいます。

現役時代、電気工事士として修理の仕事に従事していたG3（じーさん）は、短気で人づきあいが苦手。仕事は長続きせず、そのうえ、病気で手術や入院を繰り返し、うつになって自殺未遂の経験まであるそうです。

じーさんは家族ともうまくいっていませんでしたが、82歳のとき、娘さんからミシンの修理を頼まれて、あっという間に直してしまいました。娘さんがミシンの使い方を教えると、すぐにマスターし、娘さんが、自分がつくった聖書カバーを見せると、それを分解して仕組みを理解し、18枚もつくってしまったといいます。

ミシンに出合ったじーさんはやがて元気を取り戻し、使わなくなったネクタイでトートバッグなどをつくりました。娘さんがそれを仕事先に持っていったところ、大好評で注文がくるようになりました。

さらにお孫さんががま口バッグをSNSで紹介したところ、パニックになるほど注文が殺到したそうです。

じーさんは82歳にして物づくりの楽しさに目覚めたのです（G3sewing著『80代で見つけた生きる幸せ』KADOKAWA刊より）。

年齢を重ねてから新しいことを始め、それに関する書籍が話題になっているのはじーさんばかりではありません。

シングルマザーの大崎博子さんは今から10年前、78歳のときに娘さんのすすめでパソコンを始めました。同時にツイッターもすすめられましたが、何をつぶやけばいいのかわかりませんでした。

そんなときに東日本大震災が発生。電話はつながらなくなりましたが、ツイッターは通じたので、原発への不安などをツイートしてみたら、それがネットニュースで取り上げられ、たちまちフォロワーが増えました。

現在のフォロワーは20万人以上。博子さんは毎年、終戦記念日が近づくと、戦争体験を伝えています（大崎博子著『89歳、ひとり暮らし。』宝島社刊より）。

年を取ってから何かを始めてもハンデなんてないのです。むしろ年齢が強みになる時代がやってきたというべきでしょう。

◎ひとり暮らしにはデメリットもある

ひとり暮らしのメリットは、なんといっても限りなく自由だということです。いつ、何をしようと、どんな暮らし方をしようと、誰からも文句は言われません。すべては自分の判断でできます。口やかましい家人に気を使う必要もありません。

ストレスの原因の大半は人間関係にあります。その意味からもひとり暮らしはまさにストレスフリーの理想的なスタイルなのです。

これからはもう、自分のやりたいことや買いたいものを我慢する必要はありません。目の前にあるお金を自分のためだけに使えるのです。これは至福といえるでしょう。

しかし、人というのは我がままなもので、人間関係がストレスの原因であるにもかかわらず、人との接触がないと、どうしても人恋しくなるものです。毎日、食事はひとりです。「お腹がすいた」と言っても何も出てこないし、「これ、おいしいね」と言っても誰も応えてくれません。

天気のいい日に「ちょっと散歩にでも行こうか」と誘う相手もいません。落語を聞いて、「面白い話だな、あははは」と笑っても、相槌を打ってくれる人もなく、自分の笑い声が虚しく響くだけです。

こういう状況は避けようがありません。一時的なものではなく、これが日常でもあるのです。慣れていくしかないでしょう。

と同時に、ひとり暮らしを始めたときに、覚悟とまではいいませんが、こういう状況もあるのだと理解しておく必要があります。

人は、精神的にも肉体的にも、ノーガードの状態で何かに襲われたときがいちばんダメージが大きいと言われています。逆に言うと、多少でもそれを予測していたり、それに備えていたりすると、同じ衝撃を受けてもダメージは小さくなるわけです。

「ひとり暮らしではこんなことも避けようがなく不意に起こるのだ」と頭に置いておくだけで、ダメージはずいぶん違うのです。

そんなときは「やっぱりきたか」と納得するしかないでしょう。後は徐々に慣れていきます。

ひとり暮らしはメリットばかりではないことも知っておきましょう。

◎孤独に強くなることも必要

「孤独」という言葉には、怖い、つらい、寂しいというイメージがつきまといます。実際、「孤独」と聞いて、絶望感や悲壮感を感じる人もいるでしょう。

でも、あまり怯《おび》える必要はないと断言させてもらいます。

「孤独＝恐怖、寂寥《せきりょう》」というイメージは、孤独を知らないために起きる感情にすぎません。

「幽霊の正体見たり枯れ尾花」という諺があります。尾花とはススキの穂のことで、「幽霊だと思って震え上がったものが、よく見たら枯れたススキの穂だった」といった意味です。

孤独もこれと同じです。孤独な生活がどんなものなのかわからず、理解しようともしないから、イメージだけで怖い、つらいなどと思い込むわけです。

でも、**実際に孤独な生活が始まってみると、家族とすごしていたこれまでの生活と、それほど変わりないものとわかります。**あえて違う点を探すとすれば、自由度が増すことくらいでしょうか。

物理的にすきまが増えるので、ひとり暮らしを始めた当初は寂しさなどを感じるかもしれませんが、慣れてしまえば、なんということはありません。慣れること＝孤独に強くなることです。

孫子《そんし》は「彼（敵）を知り己を知れば百戦殆《あや》うからず」と語りました。「敵の実力や状況をしっかり把握したうえで、自分自身のこともよく理解していれば、何度戦っても勝つことができる」という意味です。

「敵」を「孤独」に置き換えると、そのまま孤独への金言となるでしょう。孤独、〝恐るるに足らず〟なのです。

◎ひとり時間を楽しんでいるうちに孤独感は消える

ただ、「孤独、何するものぞ！」とばかりに真正面から孤独に対峙する必要はありません。軽い気持ちでひとりの時間を楽しんでいるうちに、いつの間にか自分を取り囲んでいた孤独感が影も形もなくなっていたということは大いにあり得ます。

たとえば、あなたが映画を見に行きたいとしましょう。こんなとき、同世代の友人を誘っても年々、「その日は病院があるから」「最近は足が痛むので出歩かないようにしている」などと断られることが多くなるでしょう。

そんなときはチャンスだと思って、ひとりで楽しむ習慣がつくようにチャレンジしてみましょう。

作家の曽野綾子さんは、友だちとすごす時間と同じくらい、ひとりで楽しむ時間を大切にしています。

歌舞伎をひとりで見に行ったときには、たまたま隣り合わせた青年と会話が弾み、とても豊かな時間がすごせたと、あるインタビューで答えています。

それでなくても、ちょっとした困りごとがあるとき、人に「してもらう」習慣をつけてしまうと、脳も体もどんどん老化していきます。

ボケ防止や生きる楽しさを増やしていくためにも、積極的にひとりで遊ぶ時間をつくるように努めましょう。

◎つらくなったら行政に助けを求めよう

終戦直後のことです。東京地裁判事の山口良忠さんという方が亡くなりました。死因は餓死でした。

当時の日本は深刻な食糧難で、政府から配給される食料だけで生きていくことは困難でした。そこで、ほとんどの人が闇市といわれる違法市場で食料を調達して必死に生きていたのです。

しかし、食糧管理法違反事件を担当していた山口さんは「不正行為を取り締まる立場にある自分が闇市を利用するわけにはいかない」という信念を貫きました。その結果、餓死してしまったのです。

山口さんが自分の信念を貫いたのは立派です。しかしその結果、命を失ってしまったというのは、あまりにも悲しく、もったいない幕切れだったと思います。

ここまで極端ではなくても、ひとり暮らしのシニアのなかには**「誰の助けも借りず、ひとりで生きていかなければならない」という思い込みの強い人がいます。でも、あまりに意固地になるのはいかがなものでしょうか。**

多くのシニアの患者さんと接するうちに、私は、シニアの生活と病気は似ていることに気がつきました。

どちらも、異変にできるだけ早く気づいて対応（治療）することが回復のカギとなり、進行してからでは手の施しようがなくなってしまうのです。

たとえば、「最近、階段の上り下りが危うくなった」と感じているとしましょう。リフォーム費用を捻出できないからと放っておくと、転落事故などで大ケガをし、そのまま寝たきりになってしまう可能性もあります。

これは大げさな話ではなく、東京消防庁が令和元年に発表した「救急搬送データ」によると、６万人近くの65歳以上の高齢者が「ころぶ」で救急搬送されているのです。

ですから、「誰にも頼らない」とは思わずに、「高齢者住宅改修費用助成制度」を利用すべきでしょう。

「高齢者住宅改修費用助成制度」は、要介護者や要支援者がバリアフリー化など住宅改修のための工事をしたいと考えた場合、その工事費用の９割が介護保険から支給される制度です。上限は20万円。上限に達するまでは複数回の利用が可能です。

給付の対象となる住宅改修工事には、手すりの取り付け工事、段差の解消工事、便器の取り替え工事などがあります。

◎生活支援のサービスに堂々と頼る

そもそも、このような助成制度や行政サービスは「施し」ではありません。たとえば、階段から転落してあなたが寝たきりになってしまったら、国や自治体は莫大な介護費用を負担することになります。そんな負担をできるだけ減らすために、さまざまな助成制度や行政サービスを提供しているのです。**国や自治体は、このようなサービスをできるだけ使ってほしいと考えています。**そう思えば、「施しなど受けたくない」という気持ちも薄らぐのではないでしょうか。

前項の「高齢者住宅改修費用助成制度」以外にも、各市町村では、民間企業、NPO、ボランティアなどのバックアップのもとに、高齢者を対象とし

たさまざまな生活支援サービスを行っています。内容的には、家事援助、外出支援、食材配達、安否確認など多岐にわたっています。

例えば、横浜市では、食事サービス、紙おむつの給付、外出支援サービス、訪問理美容サービスなどを行っています。

長崎県佐々町では、介護予防ボランティアによる介護予防と日常生活支援が行われています。また、千葉県柏市では、退職した高齢者が社会とのつながりを保ち、地域で孤立することがないように、農業、育児、福祉などの分野での「高齢者の生きがい就労」を行っています。

右に紹介したものはほんの一例にすぎません。**行政サービスは、「いざというとき」とはいわずに、日常的に堂々と頼ってもいいものなのです。**詳細についてはあなたがお住まいの自治体に問い合わせてみてください。

◎「人生をもっと楽しもう！」に踊らされない

自ら望んでひとり暮らしを始めてはみたものの、すぐに〝生きがい〟が見つかるとは限りません。

そんなとき、「早く生きがいを探さなければ」とか「もっと楽しまなければいけない」などと自分を追いつめてしまう人もいます。しかし、そんな必要はまったくありません。

あなたは「生きがい」や「楽しい人生」という言葉にどんなイメージを抱くでしょうか。たくさんの人に期待されて活躍する自分でしょうか。それとも旅行や趣味を存分に楽しむ優雅な自分でしょうか。あるいは孫や子供に囲まれた団らんの時間でしょうか。

私は「生きがい」や「楽しい人生」というのは、もっと身近ですぐ手の届くところにあるものだと考えています。なぜなら、誰もが簡単に手に入れられないものなら、世の中は不幸な人だらけになってしまうからです。

周りのシニアを見てみるとわかると思いますが、「毎日がマンネリだ」「生活が楽ではない」などと愚痴や文句を言いながらも、みなさんそれなりに平穏な生活を送っています。

そもそも生きがいとは、生きるに値するもの、生きていく張り合いや喜びといった意味の言葉です。生きるのがつらくてたまらないとか、早く死んでしまいたいといった思いを日々抱えている人は別として、ごくふつうに生活している人は、十分に「生きがい」を持って生活しているのではないでしょうか。

「人生をもっと楽しもう！」といったフレーズをたびたび耳にします。こういうフレーズにふれると、「自分はあまり楽しんでいないのだな」と思ってしまいがちですが、それらは、商品やサービスの購入を促すために使われる言葉です。

メディアからそうした言葉がひっきりなしに発信されるので、無意識に「もっと生きがいを持たなければいけないのではないか……」「自分はもっともっと人生を楽しめるんじゃないのか……」と、焦燥感を抱いてしまうわけです。

でも、焦る必要はまったくありません。「生きがいなんてそのうち見つかるさ」でいいと思います。

なにしろ、あなたが今、70代だとしても、残りの時間はたっぷりあるのですから。

◎「生前整理」からスタートを切るのも悪くない

知り合いの看護師さんがあるとき、こんな話をしていました。

彼女のお姉さんは〝理想の主婦〟で、料理も上手なら子育ても上手。何よりきれい好きで、いつ行っても隅から隅まで家はきれいに片づいていて、キッチンもお鍋もシンクもピッカピカという人だったそうです。

ところがここ数年、お姉さんの家に行くたびに家じゅうの乱れが目につくようになり、70代に入ってからは、「これが、あのきれい好きだった姉さんの家？」と目を疑うようになってきたというのです。

「最近はもうメチャクチャですね……。どの部屋も物置同然。片づける気持ちはあっても、体力がついていかないのかもしれません」

お姉さんと3歳違いだというこの看護師さんは、お姉さんを〝他山の石〟として、お休みのたびに少しずつ身辺を整理し始めたそうです。

この例から学ぶべきは、**老前整理にも〝適齢期〟がある**ということです。適齢期のピークは、定年前後の60代半ば頃でしょうか。それ以降は、体力はもちろん、決断力も整理能力も落ちていきます。

とするなら、生前整理はどうしたらいいのでしょうか。

ひとり暮らしを始めたばかりのシニアにとっては「生前整理なんて縁起でもない」と思うかもしれませんが、すでに老後真っただ中のあなたは、老前整理の適齢期は過ぎているのです。ここは**これまでの人生に改めてけじめをつける意味でも生前整理をしておく必要があるのです。**「生前」という言葉が縁起が悪いというのなら、「再出発整理」「リスタート整理」なんでもかまいません。

ひとり老後のスタートはここから切る手もあるかもしれません。

第2章

シニアの人づきあいには独特なコツがある

◎仕事関係のつきあいは全部捨てる

現役時代、嫌いな人とでも無理してつきあわなければならなかったのは、自分の感情やプライベートよりも仕事を優先せざるを得なかったからでしょう。

威張ることしか知らない上司でも立てる。お得意さんがゴルフ好きなら、たとえプライベートの予定が入っていても休日返上で早朝から出かける。そんなことを当たり前にやってきたはずです。

しかし、シニアのひとり暮らしになったら、そんな関係とはすべてオサラバできるのです。

かつての上司や同僚に飲み会に誘われても、無理に行かなくてもかまいま

せん。元得意先にゴルフを誘われても同じです。「気が合う」とか「プライベートでも親しくしている」人に誘われたとき以外は、断っても誰からも文句は言われないし、評価を下げることもありません。

40年余りにわたって働いてきたのなら、「仕事関係のつきあいをすべて切ってしまったら、知り合いがいなくなって孤独になってしまうのでは……」と不安に思うかもしれません。

でも、**これからは本当につきあいたいと思う人とだけつきあえばいい**ではありませんか。ご近所の人をはじめ、学生時代からの友人、趣味の仲間など、あなたの周りにはいろいろな人がいるはずです。

また、疎遠になっていた昔の友人に連絡をしてみるのはいかがでしょうか。手紙を送ったり電話をして旧交を温めてみれば、たちまち〝あの時代〟が戻ってくるかもしれません。

◎だから楽しい「仕事抜き」の人間関係

仕事がらみの人間関係をすべてバッサリ断ったからといって、もちろん、誰ともつきあうななどと言うつもりはありません。つきあいがなくなるのではなく、つきあいの質が変わるのです。

やはり、どんな状況においても、またシニアと呼ばれる年代になっても、**利害関係のない友人の存在というのは心温まるものです。**月に一度か二度、どちらともなく誘い合わせて一献酌み交わし、他愛のない話をする……。

こうした時間がひとり暮らしの心を潤してくれ、かけがえのない楽しみにもなるのです。生活を豊かにする貴重なアクセントといってもいいでしょう。

また、現役時代は、いくら学生時代の仲間で、違う業種の仕事をしていても、相手のほうが収入が多かったり、自分より出世が早かったりすれば、「よかったな」「それはすごい」などと言いながらも、どこかに羨望や嫉妬心が紛れ込んだりすることもあるでしょう。そうなると、腹を割ったつき合いはなかなかできません。

しかし、お互いにリタイアし、片方でもひとり暮らしとなれば、地位も肩書も関係ないから、文字どおりリセットされた状況になります。

そして、**年齢を重ねるにつれて、生活環境や資産状況はそれぞれに違っても、お互いに無理をしないでつきあうという分別も備わってくるでしょう。**

だからこそ、肩肘張らずに話もできるし、おいしい酒も飲めるのです。

◎「SOS」を発信できる相手を見つけておく

ひとり暮らしをする人の中には「人に迷惑をかけることだけは絶対にしたくない」という思いを頑《かたく》なに守ろうとしている人が少なくありません。

M子さんもそんなひとりです。

M子さんは、若い頃に手術を受けたときの輸血でC型肝炎になりました。60代後半を迎えた最近、それががんに進行し、毎月のように1週間から10日程度の入院治療を受けることになりました。

長いことひとり暮らしを続けている彼女は、マンションの一階住まい。ベランダから迷い込んできたノラ猫を大切に飼っています。

彼女は、入院中も一日置きくらいに、病院の早い夕食が終わると外出許可をもらい、タクシーで自宅に帰り、自分で猫の世話をしています。

病院と自宅間はタクシーで片道十数分。それほど遠い距離ではありませんが、病人がしょっちゅう通うには精神的にも肉体的にもかなりの負担です。M子さんにも親しい友だちはいます。友だちが「猫、預かろうか?」と声をかけるのですが、彼女は「人に迷惑をかけたくないから、私が世話をする」と言い張るのでした。

たしかに過剰な甘えはひとり暮らしのシニアにとってご法度です。でも、病気のときだけは例外と考えましょう。**「困っているの、手を貸して……」と助けを求めたほうが、周りもいたずらに心配しなくて済むのですから。**

つらいとき、困ったときに「SOS」を発信できる相手、「助けて!」と言える相手は確保しておきたいところです。

そして、逆に相手が窮状を訴えてきたときは快く相談に乗ってあげましょう。これもシニア同士のつきあいのルールです。

◎信頼できるご近所さんをつくるには

地域社会での人とのつながりは、ひとり老後の生活の最も基本的な条件といえるでしょう。地域に気安くコミュニケーションが取れる人がいないと、楽しく快適なひとり老後は望めないし、何かあったときの不安も大きくなります。

地域社会における人間関係は、どのように築いていけばいいのでしょうか。人とのつながりはコミュニケーションから生まれます。これは地域社会に限った話ではありませんが、その原点は実にシンプルです。そう、挨拶です。ひとり暮らしの生活では、散歩や買い物、あるいはゴミ出しなど、自宅周辺に出かける機会が多くなります。その際、近隣の人と顔を合わせたら、まず自分からひと言「おはようございます」「こんにちは」などと意識して声をかけてみましょう。

挨拶されて嫌な気持ちになる人はいません。相手もにこやかに挨拶を返してくれるでしょう。**挨拶を交わすことはつながりの基礎になります。**そこから少しずつ会話を増やしていけばいいのです。

いちばん話題にしやすいのは、単純ではありますが天候に関するものでしょう。「急に寒くなりましたね」でも、「今日は暑くなりそうですね」でも、そのときどきに感じたことを言葉にすればいいのです。

それがやがて立ち話になり、話題も多彩になっていくでしょう。留守にするときにひと声かけ合ったり、もらい物をお裾分けしたり、といった関係になるのもそう遠いことではないかもしれません。

信頼できるご近所さんができると、暮らしやすさは格段にアップします。

◎地域のシニア受け入れ態勢も整いつつある

地域で仲間をつくりたいと思っていても、「きっかけがなくて……」などと嘆いている人もいるかもしれません。現役時代は朝早く家を出て、帰宅するのは毎晩遅い時間。いざリタイアしてひとり暮らしを始め、地域に仲間をつくろうとしても、どうしていいかわからない……。

そんな人たちに向けて、最近は自治体などが地域に受け入れようと積極的な活動に取り組んでいるのです。

「お父さんお帰りなさいパーティ」もそのひとつです。これは東京都武蔵野市が平成12年から始めているもので、「ようこそ、地域へお帰りなさい」と定年前後の人に呼びかけ、趣味のサークル活動やボランティア活動を展開している人と交流を図ろうという会合です。

毎年1回の「お父さんお帰りなさいパーティ」（愛称：おとぱ）の他に、毎月開催の「お父さんお帰りなさいサロン」（愛称：おとぱサロン）もあります。これらはコロナ禍になってからはオンライン上でも行われています。

また、東京都日野市の「百草《もぐさ》団地ふれあいサロン」は団地の空き店舗を利用したもので、入室料100円でお茶、コーヒーがお代わり自由。毎日いろいろな人が入れ替わり訪れて、気楽なおしゃべりや将棋を楽しんだり、新聞を読んだりしているそうです。


これまで、働きづめなどで地域とは無縁の生活を送ってきた人でも、スムーズに地域デビューを果たし、身近に仲間がいることを楽しむようになれる態勢は整いつつあるのです。一度、お住まいの地域の役所のホームページを覗いてみるといいでしょう。

◎「近所づきあいは面倒」は思い込み

ずっと専業主婦を続けてきて、町内会や子供の学校のPTAの役員を何度も経験している人なら、ひとり暮らしになっても、近所づきあいはとくに難しいものではないでしょう。

ところが、仕事中心の生活が長く続き、近所のつきあいはほんの形だけという人が、地域密着型の生活に変わった場合、これからの近所づきあいはちょっと億劫に思えることでしょう。

しかし、この先、地域の一員として暮らす比重が大きくなっていくのですから、狭いコミュニティの中で孤立しないためにも、いかにつきあうかを考えたほうがいいでしょう。

その際、最も大事なのは「近所づきあいは面倒」という思い込みを捨てることです。

地域になじめないとか、近所づきあいのハードルが高いと感じるのは、自分自身が心の垣根をつくって、相手をブロックしているからかもしれません。そういった警戒心を取り除いて肩の力を抜けば、意外と気さくにつきあえる人が見つかるはずです。

初めから「近所と親しくならなければならない」と気負うよりも、「気の合う人が見つかればラッキーだ」くらいのゆるさで、自然に言葉を交わすところから始めていけばいいのです。

そうすれば、いつの間にか、家を空けるときにひと声かけ合ったり、近所のスーパーでばったり会えば、立ち話をしたり一緒に買い物をしたりするような間柄になり、暮らしやすさはぐんとアップするはずです。

具体的には、**まず顔を合わせたら必ず挨拶するのが基本です。**ひと言挨拶を交わすだけでも、徐々に親しさが増していくものですから、笑顔で「おはようございます」「こんにちは」と、ひと声かけてみましょう。

挨拶に慣れてきたら、もうひと言、「今日は寒いですね」とか「雨が降りそうですね」などと気候の話題を出すのが差し障りがなくていいでしょう。

さらに、もう少し踏み込んで、「駅前にオープンしたパン屋さんに行きましたか？　私は昨日行ったのですが、なかなかおいしかったですよ」「来週の防災訓練に参加されますか？　よろしければご一緒しませんか？」などと、情報交換したり、世間話をしたりするのも悪くありません。

ただ、**最初から過剰に親しげな態度をとると「なれなれしい人だな」と思われることもあり得ます。親しくなるのも順を追って、ということです。**とくにプライバシーに踏み込みすぎるとトラブルのもとになるので要注意です。

◎挨拶する際には歯を見せて笑おう

ご近所さんに挨拶する際は、ハキハキした口調で「おはようございます」「こんにちは」などと言ったほうがいいでしょう。それだけであなたに対する相手の印象はずいぶんと変わるはずです。

その際、忘れたくないのが前項でもチラリとふれたように笑顔です。**笑顔は人との距離を大いに縮めてくれます。**

誰でも他人に対してどこかしらバリアを張っているものです。その心の垣根を一瞬にして取り払ってくれるのが笑顔です。笑顔を向けられただけで、ふっと気持ちがやわらいだり、警戒心が溶けていったりしたという経験は誰でもあるでしょう。**笑顔は人間関係を結ぶ大きな武器なのです。**

概して日本人は、笑顔の作り方が下手だと思われます。ここは外国人の笑顔を参考にしたいところです。**日本人とのいちばん大きな違いは、歯を見せて笑うかどうかではないでしょうか。**ここは大事なポイントです。

いつもいい笑顔で人と接するためには、ふだんから大いに笑っておくことです。テレビのお笑い番組や落語や漫才のＤＶＤなどを観て、おかしかったら惜しげなく大声を出して笑ってみる。そうしたことを繰り返しているうちにいい笑顔が習慣になって、人前でもそれが自然に出るようになるのです。

しかし、日によっては「とてもじゃないけど笑顔でなんかいられない」という心境のときもあるでしょう。そんなときはアメリカの心理学者ウイリアム・ジェームズの次の言葉を思い出してみてください。

「楽しいから笑うのではない。笑うから楽しいのだ」

◎過去の自慢話はみっともない

地域活動や趣味のサークルなどに参加すると、さまざまな人たちとの出会いがあります。そこからいいつきあいが生まれたりするわけですが、一緒に**楽しんでいけるかどうかは第一印象にかかっているといってもいいでしょう。**

新しく出会った人と親しくなるきっかけは、お互いに自己紹介をすることでしょう。そのとき、こんなことを言ったらどうでしょう。

「商社だったものですから、ほとんどヨーロッパ中心の海外生活でしたね。最後は本社の常務を務めました……」

第一印象としては最悪です。相手に煙たがられるのは間違いのないところでしょう。

語るべきは、リタイアしてひとり暮らしの現在の自分のこと。過去の自慢話ばかりでは好印象を持たれるわけがありません。

すでになくなっている肩書を吹聴するのは愚の骨頂です。自分をみっともなく、みじめにさせるだけだと知っておくべきです。

「○○地区でひとり暮らしをしている△△と申します。昔からやってみたいと思っていたので、この将棋サークルに参加しました。ヘボ将棋ですが、おつきあい願います。どうぞよろしくお願いいたします」

いいつきあいは、こんな謙虚な自己紹介から始まるものです。

リタイアしたら頭を切り替えて、ただの人同士のつきあいに無用な過去の経歴などきれいに忘れてしまうことです。

それができないと、どんな集団の中でもはぐれ者になってしまいます。

◎仲良くする人を選ぶ大原則とは

いくらしがらみのないシニア同士であっても、誰もがみな親しくなれるわけではありません。やはりそこには相性というものがあります。

また、AさんとBさんが同じことを話しても、「Aさんには好感が持てるが、Bさんはなんとなく好きになれない」と感じることがあります。

なぜ、このように違った印象を持ってしまうのでしょう。

その原因として考えられるのが「非言語コミュニケーション」の影響です。

私たちは人の印象には話の内容が大きな影響を与えると考えがちです。しかし実際には、話の内容が印象に影響を与えるのは表情やしぐさなどで、なんと55%に達するともいいます。

つまり、**会話の相手の印象を主に決めるのは、話の中身ではなく表情やしぐさなのです。**そのため、同じことを話していても「Aさんには好感が持てるが、Bさんはなんとなく好きになれない」という現象が起きるわけです。

このような言語以外の対人コミュニケーションを「非言語コミュニケーション」と呼びます。非言語コミュニケーションのほうが印象に大きく関係するのは、話の内容には意識的要素が多く含まれているものの、表情やしぐさには無意識の要素が多いためだと考えられます。

「自分の賢さを自慢するのが大好き」という人の場合、話す内容でそれを隠すことができても、表情やしぐさなどにはあらわれているというわけです。

とはいうものの、「なんとなく好きになれない」という印象にこだわりすぎると、人間関係を狭めてしまうので、大人として相手を受け入れる必要もあるでしょう。

ただし、次のようなしぐさをする人には、ストレスを与えられる可能性が高いので、つきあい方に注意したいところです。

●会話中に指をさす人

他人を指さすことを、心理学の世界では「ワンアップポジションを形成する行為」と呼びます。指をさすのは「自分のほうが立場（ポジション）が上」と考えているためにあらわれるしぐさで、指をさされたほうは「自分は見下されている」と感じます。

現役時代には先生と生徒、上司と部下、先輩と後輩、顧客と業者のように、明らかな上下関係がありましたが、シニアになったらそんな関係に左右されることはありません。

●ため息をつく人

ため息が出るのはどんな状況のときかというと、それはストレスが溜まったときです。ストレスの負荷によって崩れてしまった自律神経のバランスを回復させようとして出るものですから、それ自体は心身にとって好ましいものです。

ため息を見せられたほうは、ストレスが原因と理解していると、「自分が相手にストレスを与えたのだろうか」という不安に苛まれます。実際にはそうでなくても、無意識のうちにそう思い込んでしまうため、こういう人と一緒にいると自分のストレスも増えることになるのです。

●腕組みをする人

腕組みをするというのは、「あなたと距離を置きたい」「あなたを攻撃したい」という気持ちのあらわれです。こういう人に「親しくなりましょう」という気持ちで接しても無駄なことは説明するまでもないでしょう。

●話に割り込んでくる人

言うまでもなく、「あなたの話など最後まで聞いていられない」という気持ちのあらわれです。もし相手があなたを「尊重すべき」と思っていたら、あなたが話している最中に話に割り込んでこないはず。つまり、その人はあなたを軽んじているということ。こういう人と話していると、ストレスは溜まる一方です。

もし、こうした人と接していて実際にストレスを感じるようなら、さっさと逃げ出したほうがいいでしょう。

◎いい人間関係構築に「武田信玄七箇条」が効く

ひとり暮らしになって、新たな友だちや知人をつくりたいと思ってイベントに参加しても、

「あの人は、なんとなく好きになれない」

「いつもは気にならないことでも、あの人がやると気に障る」

など、些細な点が気になって、うまくいかないことがあります。

「気に障る」あるいは「癇《かん》に障る」というマイナス感情を抱く理由はいろいろありますが、最も多いのは「自分ならそうしない」「自分とは違うから」ではないでしょうか。

ある人の受け答えの声が大きい場合、「あんな大きな声を出すなんて、周

りの迷惑を考えないのか」とか「やかましい人だ」と思うかもしれません。

また、こちらが挨拶したのに知らん顔の人がいたら、「なんて失礼な人だ」「礼儀を知らない人とは親しくしたくない」と思うかもしれません。

しかし、**人の態度や性格は一人ひとり違って当たり前。「自分とは違う＝好きになれない」と考えるのは極端すぎます。**そもそも「友だちや知人をつくりたい」とイベントに参加しているのですから、生理的に受けつけない場合を除き、**小さなことは無視するのが賢いやり方なのではないでしょうか。**


ここに興味深い人物評価の方法があります。人材活用に長《た》けていたことで知られる武田信玄が後世に残した「人を判断するときの注意点七箇条」です。
①油断のある人間を、落ち着いた人と見誤らないこと。
②軽率な人を、素早い人と見間違えないこと。
③ぐずな人を、重厚な人と考えないこと。

④粗忽《そこつ》な人、早合点しやすい人を、素早い人と考えないこと。このような人は、いざというときに必ず慌て、失敗する。
⑤もののわからない人は、言うことがいつも曖昧《あいまい》になりがちである。それを慎重な人と見誤らないこと。
⑥軽率にものをしゃべる人は、有効な意見は出さない。そればかりか、憎いと思えば、立派な人の悪口を言う。反対に、自分にとって得な人のことはほめ、しかも仲がよければ、世間一般が考えてどうかと思う人までほめる。こういう人をできた人と見誤らないこと。
⑦自分の信条がない人は意外と強情だが、これは信念の強い人、武勇の人とは違う。

なるほど、的を射た指摘といえるのではないでしょうか。人を見るときに参考になるのは間違いのないところでしょう。

◎水と油だからこそうまくいくこともある

シニアの友だちづくりは、仕事をまかせられる人を探すのとは違います。

たしかに「武田信玄七箇条」は有効でしょうが、ひとり暮らしのシニアは、ここまで徹底しなくてもいいのかもしれません。あなたが気に障るところや癇《かん》に障ると感じる点を、プラスに置き換えてみるのも一法です。


たとえば、笑い方が大げさな人がいたら、「明るい人」「一緒にいて楽しそうな人」と考えます。

また、挨拶ができない人がいたら、「人見知りでシャイな人なのかな」などと考えてみてください。

こうすると、比較的簡単にマイナス感情をプラス感情に転換できませんか。

新しく友だちや知人をつくる際には参考になる考え方だと思います。

しかも、このように**「自分との違い」を受け入れてつきあい始めた人とは、いい関係を結べることが心理学的にも証明されています。**それは「相補性の要因」という心理で、片方に欠けている部分をもう片方が補うことで生まれる現象なのです。

ここに、笑うことさえ控えがちな、なんとも内気なふたりの男女がいたとしましょう。

周囲から見ると「お似合い」に見えますが、ふたりの関係がなかなか進展しないのは想像に難くありませんし、ずっと一緒にいると、お互いに気も滅入ってくるのではないでしょうか。

しかし、一方が笑い方が大げさな人（明るい人）だとしたら、一方が会話や行動の主導権を握り、もう一方がそれに従うという理想的なコンビになり、お互いに楽しくすごせるかもしれません。

お互いに気が合わず反発し合って仲が悪いことを「水と油」といいますが、**実際の人間関係では「水と油だからこそうまくいく」ことも珍しくないのです。**

少なくともそう考えていれば、自分と違う人がいても気に障らなくなり、イライラやストレスも減るでしょう。

それにシニアになれば、いつも体調が万全とは限りません。相手は挨拶を返しているのに、こちらの目がかすんでいてそれに気がつかなかった、などといったことも起こりがちです。

◎なぜ、「来る者は拒まず」は危険なのか

「近くの他人」が頼りになるというのはすでにお話ししたとおりですが、近所の人たちとの人間関係を築く際に「来る者は拒まず」の姿勢はいかがなものかと思います。

とくにひとり暮らしを始めたばかりの時期は、寂しさのあまり必要以上に「近くの他人」を求めてしまいがちなだけに用心すべきです。

なぜなら、「本当は世話好きではなく、相手を依存させ、自分が重要な人物であることを実感したいだけ」という、自分の支配欲を満たすために近づいてくる人もいるからです。今風の言葉でいうなら、シニアにも「マウントを取りたがる人」がいるということです。

もともと私たちには依存心がありますし、老後のひとり暮らしともなると、それはさらに強くなります。そのため、このような考えの人と関わってしまうと、いつの間にかその人なしではいられなくなってしまいます。

なかには、ある意図を持って近づいてくる人もいるでしょう。そのなかに宗教関係者が紛れている可能性だってあります。

では、どうすればこうした人に支配されずにすむのでしょうか。

言うまでもなく、近づかないことが第一でしょう。しかし、支配欲が強いかどうかは、しばらくつきあってみなければわかりません。でも、それでは手遅れになるかもしれないので、ここに支配欲が強い人に垣間見える特徴をいくつか紹介しておきましょう。

・自分の考えを押しつけようとする

・それがうまくいかないと、すぐにイライラする
・思い込みが激しい
・あなたに好かれている、求められていると思い込んでいる
・勝敗にこだわりを見せる

以上の5項目のうち、3つ以上当てはまる人がやさしい言葉で近づいてきたら、要注意です。あなたのシングルライフから退場してもらうことをおすすめします。

同時に、あなた自身、この項目に該当することがないかチェックしてみましょう。いつの間にか支配欲が強くなっていることもあり得ますので。

◎取るに足りない話題が距離を縮める

人づきあいが苦手という人に共通しているのは、会話がうまく続けられないという点かもしれません。会話下手の人は、以下のような悪い流れにはまってしまうというパターンがあるようです。

相手から話題をふられても、杓子定規な返答しかできない⇓だからそれ以上話がふくらまない⇓沈黙が続く⇓気まずい空気が生まれる

どうしてそうなってしまうのでしょうか。

私が思うに、気の利いた返答をしなければいけない、相手の興味をそそるようなことを話さなければまずい、といった意識が強すぎるのではないでしょうか。そして、そこには自分を少しでもよく見せたいという深層心理が働い

ているように思えます。そうしたことがあなたの口を重くしているのです。

しかし、相手の心に響き、会話を弾ませるのは、気の利いた受け答えや興味を掻き立てる話題ばかりではありません。

では、どんな口調で何を語ればいいのでしょうか。

巧みな語り口でなくても率直に思いを語ることが大切です。話題だって、ごくありふれた身近なもの、取るに足りないことでOKです。

「最近、薬を飲んだばかりなのに、そのことを覚えてなくて、また飲もうとすることがよくあるんですよね」

「いやあ、実は私も同じようなものです。ですから、薬を飲むとすぐにメモ書きにチェックを入れるようにしていますよ」

高齢者にはありがちな他愛ない日常のひとこまを披露し合うと、それでお互いの距離は一気に縮まり、いっぺんに打ち解けた関係になるでしょう。

◎自分の流儀や好みを押しつけない

誰にでも自分の流儀や好みというものがあります。

たとえば、蕎麦の食べ方ひとつとっても、蕎麦猪口《ちょこ》のつゆにちょっと蕎麦をつけて一気にツルツルとたぐる人がいます。その流儀で食べてこそ蕎麦の香りも食感も味わえると考えているのでしょう。

もちろん、**自分の流儀を貫くこと自体はなんの問題もありませんが、周囲にそれを押しつけるのはいかがなものでしょうか。**誰かと蕎麦屋に行ったとき、その人がつゆにたっぷり蕎麦を浸して食べているのを見て、こう言ったらどうでしょう。

「えーっ、そんなにつゆに浸すのですか。それじゃ蕎麦の香りが台無しですよ」

言った本人は、粋な食べ方を教えてあげたつもりかもしれませんが、言われたほうは面白いはずがありません。その場の空気が悪くなって当然です。相手は「この人とは二度と一緒に食事なんかしないぞ」と決意してしまうかもしれません。

また、相手が読んでいる本を見て、「それ、読んだけどぜんぜん面白くありませんよ。時間の無駄だと思いますよ」と言ったり、相手がミステリー好きだと知ると、「この本がおすすめですよ。読んだら感想聞かせてくださいね」と押しつけようとするのも、いかがなものでしょうか。

本人は親切心から言っているつもりなのかもしれませんが、言われたほうは「本ぐらい好きなものを読ませてくださいよ。情報がほしいときはこっちから聞きますから」といった気持ちになるでしょう。

このように自分流の押しつけは人間関係にひびを入れ、つきあいの幅を狭くしてしまうのです。

年齢を重ねれば、それはなおさらのこと。それぞれ自分の流儀が固まっていますから、そこには踏み込まないことです。

つまり、**相手の流儀も尊重する度量を持つことが大切なのです。**何か健康法にはまっている人がいたら、たとえ、「そんなもの効果なんかありゃしない」と思っても、「そうですか。体に気を配るのはいいことですよね」と言ってあげればいいのです。

旅はひなびた温泉に限るという人がいれば、たとえ自分が海外旅行派であっても、自分の好みなど言わずに「風情がありますね」とでも対応しておけば、煙たがられることはないでしょう。

要するに**お互いを尊重し合えば、和気あいあいの楽しいつきあいが続けられるのです。**

◎個人情報にズカズカ踏み込まない

会社を辞めた後に知り合う人はたいてい、「肩書」を取り払った相手ということになります。だからでしょうか、何を話題にしていいのかわからないのか、「どちらにお勤めでしたか？」「仕事をお辞めになって、どれくらい経つのですか？」「ご家族は？」「ご趣味は？」など、さながら個人情報を開示せよといわんばかりの、面接官顔負けの質問を連発する人がいます。

そんなことをしたら相手はどう思うでしょう。

「やたらズカズカと個人的なことを聞く人だな」「うっとうしい人だな」などといったところでしょうか。少なくとも、**いきなりプライバシーに踏み込んでくるような人間と親しくしたいと考える人はいないでしょう。**

あなたがある国内ツアーにひとりで参加したら、夕食で夫婦と同席になったとしましょう。その夫婦が代わる代わる親しげに、「どうしておひとりなのですか？」「離婚の経験がおありなのですか？」などと聞いてきたら、あなたはどう思うでしょう。

誰もが人生を順風満帆にすごしてきたとは限りません。現役時代のことを忘れたいと思っている人もいれば、家族を亡くしたばかりの人もいるでしょう。**相手から言い出したのならまだしも、こちらからのプライベートな質問は慎むべきでしょう。**

どんな状況であれ、新しく出会い、今後親しいつきあいに発展するかどうかは、心地よい距離感を保てるかどうかにかかっています。いきなりプライバシーに入り込むというのは、使い古された言葉かもしれませんが、相手の心に土足で踏み込むようなものなのです。

◎弱い自分もありのままにさらけ出す

年齢を重ねると、なんとなく体調がすぐれず、歩くのが億劫になったりして、万全とはいえないコンディションを抱えることが多くなります。

そうしたときに、「今日はちょっと調子が悪くて出かけられない。次の機会によろしくね」などと素直に言えればいいのですが、プライドが高くて人に弱みを見せられない人は、約束を断り切れないものです。

かといって、義理堅く出かけていって友人に会っても、どこか不機嫌で、「最近、あの人は気難しい」などと噂され、結局はつきあいの幅を狭める結果になったりするでしょう。

これとは別に、やむを得ない事情で周囲と距離を取らざるを得ない場合もあります。

私の知人は、ひとり暮らしを始めてほどなく脳梗塞を発症し、症状は軽かったものの、少しばかり言語障害が残ってしまいました。

知人は、それを苦にして友人たちと話すのを避け始め、電話にも出なくなりました。結果、交友関係が徐々に狭まっていきました。

自信を持って堂々と生きてきた人ほど、自分の弱点を見せることができずに、どんどん自分を狭い世界に追い込むケースがあります。

また、別の知り合いは、初めてつくった入れ歯がぴったりとフィットせず、思いどおりに発音ができなくなったことから、人と話すのが億劫になり、外出も控えるようになりました。

実はこういうケースは、少なからずあるのです。

体調や心身のコンディションによって、つきあうのが難しくなっている場合、理由も話さずに友人たちとの交友を避け続けていると、やがて孤立してしまうでしょう。

年を取ってから社会との接点を失うことは、生命線を失うにも等しいことです。まして、ひとり暮らしの身にとっては、それはまさに死活問題と言うべきほどの重大事です。普段はあまり意識していなくても、高齢者が地域と密に関わりを持ち、いかにコミュニケーションを保ち続けられるかは、非常に重要な問題です。

では、体調が悪くて人に会いたくないときは、どんなコミュニケーションを取ればいいのでしょうか。

見栄もプライドも捨てて、ありのままの自分をさらけ出すのです。

「実は最近、がんの手術を受けまして。今も抗がん剤で治療中なんです。気持ち的にもふさぎ込むことが多くて、申し訳ありませんけど、みなさんの前に姿を見せる気にならなくて……」

「そうでしたか。それはたいへんなときに逆に失礼しました。……困ったことがあったら遠慮なくおっしゃってくださいね」

相手も事情をわかってくれて、しばらく家を出なくても、孤立を深めることはないでしょう。

あるいは、こんなこともあるかもしれません。

「いやあ、偶然ってあるものなのですね。実は私もがんをやりまして……」

などと相手も自分をさらけ出し、つきあいはさらに深まるかもしれません。

「情報交換」という意味でも有効です。弱点と思えることもでもなんでも自**分をありのままにさらけ出すのは、けっして恥ずかしいことではありません。**

地域の同年代の人たちは、ライバルではなく仲間です。現役時代とは違って、自分の弱点をさらけ出しても、何ひとつマイナスにはならないのです。

◎相手の気分を悪くしない断り方を身につける

近所の人から誘いがあったとき、その人との関係がまだ「親しい」とはいえない場合は、断り方はとくに気を使う必要があります。

いちばんいただけないのは、「そういうことには興味がないから」「わざわざ出かけるのは面倒くさいから」といった消極的な理由で断ることです。

とくに地域での知り合いが少ない、それまで地域のコミュニティに参加する機会がなかった人は、「とりあえず見てみようかな。行ってみようかな」と好奇心を全開にして、出かけてみてはいかがでしょう。

もし、行ってみてあまり面白くなかったり苦手だと感じたら、次からは断ればいいだけのことです。そんなに深く考えることではないのです。

ただ、誘いを断る場合は、一定の配慮が必要です。あまり邪険に拒否すると、「この人はつきあいが悪い」「歩み寄る気持ちがない」と受け取られて、その後のコミュニケーションがぶっつり途絶えてしまうといったケースも考えられます。

とくに、何かを頼まれたり、どこかへ誘われたりした場合は、断るにしても慎重に言葉を選ばなければなりません。

断る場面で、「すみませんけれど、これはできません」「悪いけど、これは無理です」などと言うと、拒絶感の強さが目立ってしまいます。「すみません」「悪いけど」という言葉が付いているから、丁寧な気持ちが伝わるだろうと思っていても、言葉の中に潜んでいる横柄さはすぐに見抜かれてしまうでしょう。

断るにしても、「残念ながら」という気持ちを込めないと、次に誘われる

可能性は低くなるでしょう。

「お誘いいただいてありがとうございます。ただ、先約がありまして……。どうぞお気を悪くなさらないでくださいね」

「申し訳ありませんが、今回は辞退させていただきます。次の機会には、またお誘いくださいい」

などと言ったときに、大切なのは断ったままで話を終わらせず、後者のように「またお誘いください」というフォローの言葉を付け加えることです。

「どうぞこれに懲りずに、またお誘いください」

「次の機会を楽しみにしておりますので、またぜひお声をかけてください」

こんな言葉で、次につなげる心配りが必要です。

また、断りの言葉は、恐縮した表情で頭を下げ、残念な気持ちを表すのが基本です。

反対にこちらから誰かにお願いごとをするときは、
「勝手を言って申し訳ありませんが、お引き受け願えませんでしょうか」
「お引き受けいただけると、たいへんありがたいのですが、いかがでしょう」
などと丁寧に伝えます。

断られたときに不愉快な表情をするのは絶対にいけません。

「無理を承知でお願いしたことですから、どうぞお気になさらないでください」と、笑顔を浮かべて、相手の負担にならないように気配りするのが大人のマナーです。

「目は口ほどにものを言う」といいますが、言葉以上に声の調子や顔の表情など、その人の人間性を感じさせるプラスアルファが印象に残るでしょう。

どんな場合も、心を開いて微笑みを投げかければ、それがいちばんの社交術になります。

◎いつもの挨拶に付け加えたいひと言

誰とでも気軽に話ができる人はいいのですが、照れ屋で話が苦手な人とか、人見知りをする人は、近所の人とでもそう簡単に話のキャッチボールができないようです。

では、何が原因で話がしにくいのか聞いてみると、「話すきっかけが見つからない」という答えがとても多いのです。

つまり、話を滑り出させるきっかけが見つからないまま、挨拶だけで終わってしまったり、話が盛り上がらなかったりするそうです。これでは、ますますおしゃべりが苦手になっても不思議ではありません。

このように、どうも話がうまく続かないという人は、どうすればいいのでしょうか。

短くても親しみを感じさせる挨拶をたくさん引き出しに入れて、そのときの雰囲気に合わせて、気軽に出し入れしてみてはいかがでしょうか。

長く会話を続けるというよりも、とりあえず話のきっかけをつくるワンセンテンスを頭に入れておけば、思っている以上に便利です。おしゃべりに自信がない人ほど、シンプルなフレーズをたくさん持っているといいでしょう。

話のきっかけとして、人とのコミュニケーションに欠かせないのが挨拶です。幸い、日本語には季節感あふれる挨拶の言葉がたくさんあります。そんな詩情のあるフレーズを会話に盛り込むと、話にいっそうの彩りを添え、同時に話す人の知性を感じさせることにもなります。

季節や気候をテーマにした挨拶で、体裁の整った語句をいくつか覚えておけば、いつもの挨拶がちょっとグレードアップしたものになるでしょう。

・あいにくのお天気ですね

お天気が期待どおりでなかったときに言いたいフレーズ。言外に「残念ですね」という思いを感じさせる、優しい雰囲気の言葉です。

・よいおしめりで

雨は嫌がられることも多いのですが、動植物にとっては恵みの雨。「おしめり」とは、晴天続きの後に降る雨という意味で、趣のある美しい日本語です。

・すごしやすくなりましたね

蒸し暑い季節から涼しい季節へ、あるいは寒さの厳しい季節から水ぬるむ季節へと、快適な気候に移り変わるタイミングで使えば、どちらにもマッチする言葉です。「涼しくなりましたね」「暖かくなりましたね」と言うところを「すごしやすく」にすると、日本語の奥深さを表現できます。

・梅の（桜の）つぼみがほころびましたね

春の訪れを告げる梅の花や桜の花を通して、うきうきと華やいだ気持ちを伝える言葉です。こうした言葉をきっかけに、会話も弾みやすくなるでしょう。

・緑がきれいな時期になりましたね

新緑が美しい4月から5月にかけて使うと、さわやかな気持ちを感じさせる挨拶の定番です。

・なかなか涼しくなりませんね

暦の上で秋を迎えても、実際にはなかなか暑さが収まらない頃に、共感を呼ぶ言葉です。「早く涼しくなるといいですね」というニュアンスを込めて言うのがポイントです。

・食欲の秋ですね

実りの秋の定番フレーズ。食べ物を素材にすると話が弾むものですが、なかでも「食欲の秋」は別格です。数え切れない秋の味をテーマに、おいしい話に花が咲くでしょう。

・肌寒くなりましたね

秋が深まり、冬が近づいたら使いたいフレーズです。昼夜の気温差が大きくなる季節には、「そろそろコートが必要ですね」など、ファッションを題材にした会話も適しています。

・風邪が流行っているようですね

風邪やインフルエンザが流行する時期には「風邪が流行っているようですが、お変わりありませんか?」など、相手を思いやる言葉がふさわしいでしょう。

このように、季節や気候の話題をテーマにすれば、無理なく共感を得られて、心の距離を縮めるにはぴったりです。

◎「おごらない」「おごられない」が地域の人間関係の鉄則

人づきあいのメインが地域に根差したものになると、ふと道ですれ違ったり、商店街でバッタリ顔を合わせたりすることが多くなります。毎日の生活の場で「やあ、こんにちは」と笑顔で挨拶を交わせる人ができるのは、こんなにも楽しいことだったのかと気づくでしょう。

職場でもない、親戚でもない、とくに上下関係もなければ、義理もしがらみもない……。この〝ないない尽くし〟こそが地域社会のつきあいの素晴らしいところです。

それだけにこの地域のつきあいには「お金の関係」は持ち込むべきではありません。もっと具体的に言うなら、おごったりおごられたりは原則として

しないことです。

「お茶代くらい私にまかせてくださいよ」などと、すぐに財布を取り出す人がいるのですが、注意すべきです。

老後の経済事情は人それぞれ。何人分かの喫茶店代くらいなんでもない人もいるでしょう。そこには、相手のためというよりも、人に気前よくふるまえる〝格好いい自分〟に満足感を覚えたいという心理も働いているかもしれません。

でも、どんなに少額でも、おごられたほうには気持ちの負担が残ります。なかには罪悪感や恥ずかしいと感じる人もいるでしょう。おごってもらったからといって、単純にうれしい人ばかりではないのです。

とくに老後のつきあいでは、ピッタリと割り勘にすべきではないでしょうか。**義理もしがらみも、貸しも借りもないからこそ、地域の人間関係はうまくいくのです。**

◎近所の民生委員に挨拶しておく

リタイア後は当然、仕事がらみの人間関係は徐々に希薄になっていきます。それと取って代わるように濃くなっていくのが地元の人や趣味を通じて知り合った人とのつきあいです。

「ひとり」になったからといって、たったひとりで生きていくわけではありません。とくにご近所との関係は、仕事関係の人間関係が希薄になりつつある今、強化、再構築が必要なことは、この章ですでにいろいろと述べてきました。

しかし、**これまであまり強くなかった地元との関係がさらに密接になっていくには、それなりの時間がかかります。**そんな時期でも、いざというときに頼れる人が必要です。

そこで、ぜひやっていただきたいのが、近所に住んでいる民生委員へ挨拶に行くことです。

民生委員とは、民生委員法に基づいて市町村の区域に配置されている民間の奉仕者で、住民の立場から相談に応じたり、必要な援助を行ってくれる頼もしい存在です。

厚生労働省によると、民生委員は厚生労働大臣から委嘱され、それぞれの地域で、常に住民の立場で相談に応じ、必要な援助を行い、社会福祉の増進に努める人たちです。

ちなみに民生委員は「児童委員」を兼ねています。児童委員とは、地域の子供たちが元気に安心して暮らせるように、子供たちを見守り、子育ての不安や妊娠中の心配事などの相談や支援をする役割があります。

今のところ、**とくに困ったことがなくても、「最近、ひとり暮らしになっ**

たので、よろしくお願いします」とでも声をかけておけば、何かと気にかけてくれるようになるでしょう。

ひとり暮らしのシニアにとって、自分を気にかけてくれる人が一人でも多くいることはとても大切で、いざというときのセーフティネットになってくれるでしょう。

では、どんな人が民生委員になるのでしょうか。

一概には言えませんが、面倒見のいい、地元の世話役的な人が多いようです。民生委員になるためには町内会などから推薦を受け、市区町村に設置された民生委員推薦会による選考を受けなければなりません。

実は現在、民生委員にも高齢化の波が押し寄せていて、全国的に欠員が増えているそうです。日本経済新聞によると、2019年12月末時点で、全国で約21万8000人の定員総数に対して、欠員率は4・9%。数にすると

1万人以上の欠員になっているとのことです。

だからでしょう、一部の自治体では、民生委員を手助けする「協力員」というボランティアを募っています。

もしあなたに関心があるのなら、このボランティアから始めてみるのもいいでしょう。奉仕活動を実践すると、毎日はさらに充実したものに変わるはずです。

第3章

今あるお金と うまく つきあっていく

◎お金の心配はするだけ無駄

言うまでもなく、生きていくにはお金が必要です。寿命は伸びる一方だし、健康の問題もつきまといます。この先、必要とされる金額はますます増えていくでしょう。預貯金がいくらあっても、不安の気持ちをぬぐえないのはよくわかります。

テレビや雑誌では「老後を豊かに暮らすためには1億円が必要」などという信じられないような金額が出現するので、不安はさらに加速されます。

しかし、ことわざにもあるように「無い袖は振れぬ」。**お金はあるだけしか使えませんから、無駄な心配をしてもしかたないのです。**

実は、シニア世帯の貯蓄額の平均は、1億円とはほど遠い1563万円です。しかも、この平均値は一部のお金持ちによって底上げされています。中央値（貯蓄額を多い順か少ない順に並べた際、真ん中に位置する金額）は450万円ですし、貯蓄がまったくない世帯も全体の約5分の1に及んでいます（金融広報中央委員会が毎年1回調査している「家計の金融行動に関する世論調査2021年」より）。

そもそも、自分が何歳まで生きられるかなんて誰にもわかりません。「1年に○○万円必要だから、○○万円×△△年（残り寿命）で……」と計算しても、たいして意味はないのです。

意味もないことで心配するのは時間の無駄です。心配すればするほど心身に悪影響が出て、病院にかかることになるかもしれません。そんなことになれば、ますますお金が必要になって、不安がふくらみます。

負のスパイラルに巻き込まれる前に開き直ることをおすすめします。

◎経済的不安とどう向き合うか

別の角度から、さらにこの問題を見ていきましょう。

「高齢者」と呼ばれる年代になると、ひとり暮らしだろうと家族がいようと、経済的な不安がつきまといます。

それに輪をかけているのが数年前からテレビや週刊誌などで見かけることがやたらに多くなった「下流老人」や「老後破産」といった言葉です。こうした言葉がシニアの不安感を必要以上に煽《あお》っているように思えてなりません。

シニアが不安を募らせすぎると、「もうダメだ」と悲観して、うつになる心配があります。

老人性うつは増加の一途をたどっています。その伸び率が「下流老人」「老後破産」という言葉で拍車をかけてしまう可能性が高くなると考えられます。

しかし、こうした言葉から生まれる「悲観」は、単なる思い込みであることが珍しくありません。リタイア当初に考えた10年、20年先のことが実際に起こるかどうかなんて誰にもわからないのですから。

ところが「悲観」にとらわれがちな人は、「貯蓄は300万円しかないし、年金も年に100万円あるかないか。これでは暮らしていけない……」などと考えてしまいます。このような悲観的な考え方が高齢者のうつを誘発するのです。

では、どうすれば老人性うつにならずにすごせるのでしょうか。

あれこれ将来を考えすぎないことです。

とくにシニアの仲間入りをしたばかりの人は頑張りすぎるきらいがあります。「考えすぎない」くらいでちょうどいいと思うのです。

未来は誰にもわかりません。自分が何歳まで生きられるかもわかりません。「神のみぞ知る」の世界なのです。

厚生労働省によると、年金だけで生活している高齢者は２０１９年調査では約半数（48・４％）いましたが、２０２２年9月の公表された「２０２１年　国民生活基礎調査の概況」では24・９％と半減しています。しかし、この数字は「年金だけで食べていける人が減った」というよりも、「年金をもらいながら仕事をしている人が増えている」結果と考えられます。その根拠となるのが、政府が推奨している、定年延長などで70歳までの就業確保です。

そうでなくても、以前よりは再就職先は見つかりやすくなっているでしょう。賃金は現役時代より大幅に減るでしょうが、それでも年金だけではないのです。**ポジティブな考え方が身につけば、老人性うつとは無縁になります。**そして、より楽しく平穏なひとり老後をすごせるようになるでしょう。

◎身の丈に合ったお金の使い方をしよう

お金についての考え方や使い方は千差万別です。

テレビや雑誌を見ていると、お金を贅沢に使っていると自慢する人もいれば、ただ単に、いかにお金がないかを誇らしく語る人もいます。

とくに貧乏自慢は今の世の中にけっこう根づいているようで、「うちなんか、毎月、家計は火の車よ。最近では家計簿をつけるのも嫌になっちゃった」「貧乏ヒマなしで毎日頑張っているのに、ちっとも楽にならない」などといった声をよく耳にします。

基本的に、日本人は自分の立場を謙遜して言うことが多いからか、大げさな表現になってしまいがちですが、**「ぜんぜんお金がない」「貯金ができない」**

「やりくりが大変だ」といった貧乏アピールが、反発を招くことはあまりありません。

むしろ、「苦しいのはお互いさま」といった共感を得られるかもしれません。よほど大げさでない限り、受け入れられるのではないでしょうか。

問題なのは、その人の身の丈に合っていないお金の使い方や、見栄を張った消費行動です。ちょっと格好をつけて、セレブなライフスタイルを気取ってみたい気持ちは多くの人にあるのでしょう。

実際、高齢者の中にも、いわゆる〝インスタ映え〟を狙っているのか、SNSに華美すぎる画像をアップさせている方が少なからずいらっしゃいます。

雑誌やネットで話題の店の限定商品を先取りしたり、気前よく後輩や同僚に食事をおごったり、小さな優越感を楽しむのは時にはいいでしょう。

でも、「人にどう見られるか」を基準にしたお金の使い方は、あまり感心できるものではありません。

とくにある程度の年齢になれば、流行やモノの値段に関係なく、買うものはそれなりのポリシーと自信を持って選びたいものです。

「ふだんは質素に暮らしていても、お茶だけはいいものを選びたい」

「着るものはそんなにお金をかけないけど、靴だけは質にこだわりたい」

など、自分の感性を生かした消費は、格好をつけているとはいいません。

むしろ、お金の使い方にメリハリをつけて、倹約と楽しみをうまくミックスするのは、大人の賢い生活術といえます。

たとえば、セールで買った安いスカーフでも、上手に着こなせたら、何万円もするブランド物を買うより、ずっと素敵に見えるのではありませんか。

着こなし方のセンスを磨いていけば、安い品物でも「品のよい物」のように見せたりもでき、生活に新たな楽しみが生まれることでしょう。

◎子供のためにお金を残す必要はあるのか

「地獄の沙汰も金次第」ということわざがあります。

一般的には「閻魔様のお裁きも金の力でなんとかなる」といった意味合いとされていますが、実際はそうではなく、「村の長者が亡くなった。本来、彼は地獄へ行くはずだったが、死ぬ直前にすべての財産を村人たちに分け与えたことから、天国へ行くことができた」という昔話に由来しているそうです。

また、「いくらお金を持っていても天国に行けるとは限らない。天国へ行きたいなら、お金は生きているうちによいことに使うべき」という意味だという説もあります。

正しいのはどちらなのか、私の知るところではありませんが、少なくともシニアには後者の意味を噛みしめてもらいたいと思います。

お金が余っているのなら慈善団体に寄付を……とまでは言いませんが、あの世にお金を持って行けるわけではありませんから、生きているうちに有意義に使い切りたいものです。

ときたま、粗末な暮らしをしていた高齢者が亡くなった後に、自宅から驚くほどの大金や高額な美術品が発見されたというニュースを耳にすることがあります。

好きこのんで質素な暮らしをしていたのなら、それはそれで満足のいく人生だったかもしれませんが、金品を溜め込んで、それを守ることだけに腐心し、粗末な暮らしを余儀なくされていたのだったら、その人の人生は満ち足りていたとはいえないでしょう。

私の周辺にも似たような話があります。これは後輩のドクターから聞いた話です。

彼の義父は遠方に住んでいたこともあって、彼とはあまり交流がありませんでしたが、質素な人だったそうです。いつも擦り切れたような服を着ていて、質素というよりも貧しいといったほうがぴったりの人だった、と彼は言います。

「ぼくは何度か『援助しましょうか』と言ったのですが、受け入れてもらえませんでした。どうしてだろう。そんな意固地にならなくてもいいのに……と思いましたが、援助を断った理由が義父が亡くなった後でわかりました」

一人娘である彼の奥さんが遺品を整理していたところ、億を超える預貯金があることがわかったというのです。

「通帳の近くには『娘へ』という義父のメモ書きがありました。それはぼくも見ています。でもそれは遺言としては通用しませんよね。現に今、親戚の間でそのお金のことで揉めまくっていて、妻は大変な思いをしています」

「子供のため」と思って残したお金がもとで骨肉の争いが起こるとは皮肉と

しか言いようがありません。

後輩ドクターが話してくれたこの例からもわかるように、**「子供のため」と思って爪に火をともすような生活を送っていても、その思いが子に伝わるとは限りません。**また、伝わったとしても、その人がすんなりと遺産を手にできるとは限りません。

むしろ子供は、親が生きているうちに最大限人生を楽しんでくれることを望んでいるのではないでしょうか。「子供のため」という気持ちは捨てて、お金も時間も有意義に使いきってしまったほうがいいのかもしれません。

相手が孫だとしても、それは変わりません。

◎「本物の節約」は貧乏くさいものではない

節約とは、一般に無駄を省いて切り詰めること、不要な出費を控えて無駄遣いをしないことをいいます。

知り合いのひとり暮らしのシニアはこう言います。

「節約のために、出かけるときはコンセントを全部抜いています。こうすることで少しは電気代の節約ができるはずです」

また、別のシニア（女性）はこう言います。

「うちの主人は、トイレの電気はつけっ放し、見ないときもテレビをつけっ放しでほんとうに困ります。少しは節約を心がけてほしいものだわ」

このように日頃から節約を意識するのは、家計のためになるばかりか、省エネやエコロジーにも役立ちますから、とても素晴らしいことです。

ただ、節約は、家計が苦しいから取り組むというものではありません。無駄をなくしてスリムに暮らすための方法ですから、惨めな気持ちになったり、精神的な負担を感じるようなら、まず節約に対する考え方を整理する必要がありそうです。

「節約」と聞いただけで貧乏くささを感じてしまう人は、節約＝生活レベルを落とすことと思っているからでしょう。

しかし、今の世の中では「安かろう、悪かろう」は通用しません。100均ショップでも、良質な商品が手に入るのですから、工夫しだいで、生活のクオリティを落とさず、上手に節約することは可能です。

我慢する節約にはマイナスのイメージがありますが、今あるものに感謝しながら上手に暮らせるのなら、プラスの要素が大きいのではないでしょうか。

「無駄遣いをしないように」と、財布のヒモを締めるのが後ろ向きの節約なら、「無駄なく大事に使いましょう」と、モノの価値を見直して大切に使うのが、プラス思考の節約です。

いってみれば、節約とは「低く暮らし、高く思うこと」かもしれません。ただ単に経済的な効果だけをめざすのではなく、精神的な豊かさも同時に得られるのが本当の節約といえるのではないでしょうか。


往年の大女優、高峰秀子さんは、55歳で女優業を引退すると、「人生の店じまい」を考え、それまで住んでいた大邸宅を小さな家に建て直しました。女優をやめれば、もう客が大勢くることもなくなる。そうなれば、大きな家は無用の長物になると思ったそうです。

同時に、それまで持っていたたくさんの豪華な家具も、来客をもてなすための食器類も、全部処分してしまい、4脚の椅子と夫婦が使う2組ずつの食器を何種類かという生活に変えたといいます。

こうしたスリムな生活に移行したことで、「大きな自由と、さっぱりした気分を手に入れた」と語っています。

生活に応じて暮らしをスリムにする……。まさに理想的な節約ですね。ここに貧乏くささを感じる人は皆無でしょう。

「節約なくしては誰も裕福にはなれないし、節約をちゃんとできる者で貧しい者はいない」

こちらは18世紀のイギリスの文学者、サミュエル・ジョンソンの言葉です。高峰さんは、この言葉の実践者でもあったのでしょう。

◎「節約」と「ケチ」は具体的にどう違うのか

子供たちが独立したのを機にひとり暮らしを始めた私の知り合いが、こうこぼしました。

「せっかく節約生活に目覚めたのに、子供たちは誰もほめてくれないんですよ」

その方いわく、先々を考えて、引き締めを心がけなくてはと思い、できるだけ無駄のない生活をスタートさせたそうです。

すると、訪ねてきた子供たちから、「お父さん、最近ケチくさいこと言ってない!?」「お金がないの?」などとけなされ、すっかりモチベーションが下がってしまったそうです。

「どんな節約を実践したのですか?」と聞いてみると、使っていいトイレットペーパーの長さを決めて、自分に言い聞かせるために「ミシン目は3つまで」と書いてトイレに貼り紙をしたり、各部屋の電気も、あたりが薄暗いうちはつけるのをやめたそうです。

たしかに、無駄にトイレットペーパーを使うのも、電気を必要以上に使うのも、資源の無駄遣いではあります。しかし、この方の場合はどう考えてもやりすぎでしょう。あまりにも力が入りすぎて、「ケチ」呼ばわりされてもしかたないと思います。

実際、節約を始めたばかりのときは、どうしても頑張りすぎるので、注意しなければなりません。

では、「節約」と「ケチ」はどう違うのでしょうか。

辞書で調べてみると、節約は無駄を省いて倹約すること、ケチは金品を必要以上に惜しむこととあります。ここではケチの「必要以上に惜しむ」というところがポイントなのだと思います。

また、「なんのために節約するのか」という、目的がはっきりしているかどうかの違いもあるようです。

なんの目的も計画性もなく、「とにかくお金を使わないこと」が目標になってしまうと、それは「ケチ」以外の何物でもなくなってしまいます。

一方、目的がマイホームのためでも、子供の進学のためでも、大きな買い物のためでも、夢や目標があって出費を控えるなら、それは立派な節約です。

ところが、「ケチ」と呼ばれる人の多くは、他人のためにお金を出し惜しむのが特徴といえます。たとえば、お世話になっている方へのお礼や友人へのプレゼント、冠婚葬祭に要する出費を出し惜しむのは、典型的なケチの行動でしょう。


人とのコミュニケーションのために使うお金を出し渋ると、周囲の人にマ

イナスな印象を与え、人間関係にも悪影響が出ますから、これは絶対にタブーです。

節約上手な人は、お金の使い方にメリハリをつけて、周囲を思いやったお金の使い方をするはずです。

ケチな人は、お金を惜しむあまり、心豊かに生きていくためのお金まで出し渋って、自己投資を怠りがちですが、これも人生にはマイナスです。自分を磨く機会まで自分で奪っているのです。

何よりも大事なのは、自分が満足感や幸せを得られるようなことにお金を使うことです。幸せよりもお金のほうが大切になったら、もうケチのボーダーラインを越えているでしょう。

そもそも、お金は使ってこそ価値があるものです。貯め込むことにしか興味が湧かなくなったら要注意です。

年齢を重ねるにつれて、生活防衛のためだからと貯蓄に励み、だんだんと人づきあいが悪くなる人もいますが、とくにシニアと呼ばれる年代になってからは、それはどうしても避けたいものです。

なぜなら、人間関係がその後の生活の充実度に直結する年代だからです。お金があっても、ケチだと思われて周囲から孤立したのでは、寂しい老後になってしまう可能性が高くなります。

そうならないためにも、節約をするならあくまでも目標は明確に。節約の最終目標は、上手に貯めたお金を使って幸せになることだと忘れないでください。

郵便はがき

恐れ入りますが
切手を貼って
お出しください

112-0005

東京都文京区水道 2-11-5

明日香出版社

プレゼント係行

感想を送っていただいた方の中から
毎月抽選で 10 名様に図書カード(1000 円分)をプレゼント!

お名前《ふりがな》	
ご住所	郵便番号(　　　　) 電話(　　　　) 都道府県
メールアドレス	

* ご記入いただいた個人情報は厳重に管理し、弊社からのご案内や商品の発送以外の目的で使うことはありません。
* 弊社 WEB サイトからもご意見、ご感想の書き込みが可能です。

明日香出版社ホームページ　https://www.asuka-g.co.jp

ご愛読ありがとうございます。
今後の参考にさせていただきますので、ぜひご意見をお聞かせください。

本書のタイトル

年齢：　　歳	性別：男・女	ご職業：	月頃購入

● 何でこの本のことを知りましたか？
① 書店　② コンビニ　③ WEB　④ 新聞広告　⑤ その他
（具体的には →　　　　　　　　　　　　　　　　）

● どこでこの本を購入しましたか？
① 書店　② ネット　③ コンビニ　④ その他
（具体的なお店 →　　　　　　　　　　　　　　　　）

● 感想をお聞かせください

① 価格	高い・ふつう・安い
② 著者	悪い・ふつう・良い
③ レイアウト	悪い・ふつう・良い
④ タイトル	悪い・ふつう・良い
⑤ カバー	悪い・ふつう・良い
⑥ 総評	悪い・ふつう・良い

● 購入の決め手は何ですか？

● 実際に読んでみていかがでしたか？（良いところ、不満な点）

● その他（解決したい悩み、出版してほしいテーマ、ご意見など）

● ご意見、ご感想を弊社ホームページなどで紹介しても良いですか？
① 名前を出して良い　② イニシャルなら良い　③ 出さないでほしい

ご協力ありがとうございました。

◎どんな額でも「これだけあれば十分」と考える

仏教では、人間の欲は大きく分けて5通りあるとしています。
・おいしいものをたくさん食べたい「食欲」
・お金がたくさん欲しい、損をしたくないという「財欲」
・性欲に対する欲求の「色欲」
・偉いと思われたい、認められたいという「名誉欲」
・楽をしたい、面倒なことは避けたいという「睡眠欲」

これが仏教でいう「五欲」です。どれも人間にとって当然のものですが、とくに際限がないのが財欲ではないでしょうか。

「年収がいくらあれば、あなたは安心ですか？」という問いに対し、多くの人が現在の倍と答えたという話を聞きました。たとえば、年収３００万円の人なら６００万円欲しがり、年収１０００万円の人なら２０００万円欲しがるというわけです。

では、財欲に対して、仏教ではどんな教えを説いているのでしょうか。

日本を代表する名刹、京都の龍安寺《りょうあんじ》には、仏教の教えを象徴する「知足の蹲踞《つくばい》」があります。蹲踞とは、茶室の前に据えられた手水鉢《ちょうずばち》のことで、招かれた客はここで手や口を清めてから茶室に入るのが作法です。この蹲踞の中央には四角い切り込みがあり、そこに水がたたえられています。

そして、その水を取り囲むように、時計回りで「五」「隹」「疋」「矢」という４文字が記されていますが、中央の切り込みの部分を「口」という偏《へん》や旁《つくり》に見立てると、「吾唯足知《われただたるをしる》」と読むことができます。

これは「身のほどをわきまえ、むやみに欲しがらない」という意味です。

もう少し広い意味に解釈するのなら、「身の丈に合った生き方を受け入れること、欲を出して背伸びした生活をしないことが、人間にとって大切だ」と考えられるでしょう。この「足るを知る」という精神は、仏教の教えの神髄だといっても過言ではありません。

釈迦はさらに、「足ることを知る者には、貧しくても実は豊かであり、どんなに財があっても、欲が多ければその人は貧しい」とも言っています。

老後になってから、財欲が年々強くなり、それに振り回されていたのでは心の平穏は訪れません。今、持っているものに対して「足りないけれど我慢する」のではなく、「これだけあれば十分」と気持ちを切り替えることができれば、おのずとおだやかな心持ちになれるのではないでしょうか。

老後のひとり暮らしを豊かなものにできるかどうかは、年金の額や資産の多少などよりも、気持ちひとつにかかっているのです。

◎孫や子にお金よりも残したい一休さんの遺言

この章の最初のほうで、子供や孫に遺産を残す必要はないといったことをお話ししましたが、でも「まったく何も残す必要はない」と言いたいわけではありません。孫子に残すものを「遺産」と呼ぶなら、私が残したいのは「一休さん」のような遺産です。

一休さんといえば頓智《とんち》で知られ、アニメになっていることもあってか、子供たちの人気者です。実像の一休（宗純）は、今から600年ほど前の室町時代に実在した臨済宗のお坊さんで、後小松天皇の落胤《らくいん》（母は藤原氏の出）とする説が有力視され、それが本当であれば上流階級の生まれにふさわしく、残した遺産も今に語り伝えられるほど素晴らしいものでした。

天皇の血を引いた一休は、生まれる前から政争に巻き込まれ、6歳のときに京都の臨済宗安国寺に預けられ、出家したとされます。

一休は、成長するとともに人並みはずれた才気煥発《かんぱつ》ぶりを見せるようになりました。有名な「このはし渡るべからず」や「屏風の虎を縛ってみせます。さあ、追い出してください」などの逸話は8~10歳くらいのときの実話をベースにしたものと伝えられます。

禅僧として高名を得る一方で、当時、固く禁じられていた肉食や女犯《にょぼん》（仏教用語）など数々の奇行でも知られますが、これは権威や戒律の形骸化を批判、風刺することで、「本来の仏教に帰れ」と警鐘を鳴らしたのだと考えられています。

高い身分だったために幼少期からいわれなき迫害に遭ってきたからか、一休は長年にわたって権力と距離を置いて生き抜き、貧しい生活に明け暮れます。

しかし、すでに老境に足を踏み入れた80歳のとき、戦乱で炎上した大徳寺の復興のために時の天皇から大徳寺住職に任じられると、いっさい飲み込んで住職の座に就きました。

一休が死の床についたのは88歳のときです。当時の平均寿命の倍近い長寿でしたが、それでも「死にとうない」と言ったとか。仏の道を究めた者にあるまじき未練だとも思えますが、悟りを得ながらも人間性を失わなかった、いかにも一休らしい心情の吐露とも考えられるのではないでしょうか。

いよいよ死期が迫ったとき、一休は弟子を集めると、「本当に困ることがあったら、これを開けなさい」と一通の書状を弟子に授け、やがておだやかに冥途へと旅立っていきました。

天皇家から賜った広大な所領地の証文か、あるいは堺の商人から送られた莫大な富の預け証か、それらがずらりと書かれた目録書か……。いやがうえにも期待はふくらみますが、弟子たちも一休の遺言を固く守り、少々の難事では遺書を開けようとはしませんでした。

それから何年か経ち、寺に深刻な大問題が起こって八方ふさがりになったとき、弟子たちはついに師の遺産に頼るほかはないと決意します。

さて、書状を開くと……。

そこには目録書でも莫大な財産の預け証でもなく、一休の手になる書が入っていました。

「心配するな、なんとかなる」

書かれていたのは、このひと言だけでした。

しかし、考えれば考えるほど、この言葉に勝る遺産はないでしょう。どんなに追い詰められた状況でも「人生、そこで終わり」ということはないはずです。

人生は必ずその先へ、先へと続いていきます。なんとかなっていくのです。一休ならずとも、後の世に必ず伝えていきたいのは、八方ふさがりであればあるほど気を楽にして、でもなんとか問題解決を図ろうとする「力強い楽観主義」とでもいうべき考え方ではないでしょうか。

「心配するな、なんとかなる」という教えは、どんな巨万の富とも比べものにならないほど価値のある遺産なのです。

第4章

習慣を変えれば脳も身体も元気になる

《生活習慣編》

◎毎日の早起きが脳に効く

昔から朝日には神聖な力があるとされてきました。富士山やアダムスピーク（スリランカ）、衡山《こうざん》（中国）などでご来光を拝む風習があるのはそのためです。「朝日を浴びても意味はない」ともいわれましたが、今日ではご来光を拝むことが脳にも有効なことが証明されています。

その理由を説明する前に、体内時計の話をしておきましょう。

私たちの身体の中には体内時計というものが備わっています。体内時計は目のすぐ裏側の視交叉《しこうさ》上核《じょうかく》という部分にあります。ご存じのように実際の一日は24時間ですが、体内時計のサイクルはなぜか25時間です。

実は、この1時間のズレを訂正しているのが朝日なのです。朝のまぶしい光を浴びると、視交叉上核にまで光が届き、その刺激で体内時計は新たに一日のリズムを刻み始めます。

では、朝日を浴びない生活を続けているとどうなるのでしょうか。

朝日を浴びなければ体内時計に支配されたままになりますから、一日に1時間ずつズレて12日で昼夜が逆転します。

これが脳にどのような影響を与えるかは、時差ボケを思い出してもらえればわかるはずです。起きているのに頭がボンヤリしていて、ちょっと油断すると自分でも気づかないうちに眠りこけていた……。こんなことが、海外旅行をしたわけでもないのに起きてしまうのです。

ひとり暮らしだと、それを矯正する機会がなかなか訪れません。何時に起きようと誰からも文句を言われません。単なる睡眠不足だと考え、「明日ゆっくり起きればいいだろう」などと思っていると、確実に1時間分のズレが残ったままとなります。それが2度、3度と続けば、明らかに脳の働きが悪くなっていきます。**睡眠不足で頭が回らないことよりも、体内時計の時差ボケのほうが、もっと悪影響を与える**ことを覚えておきましょう。

日本大学薬学部の榛葉《しんば》繁紀《しげき》教授の研究によると、朝日を浴びないと太りやすくもなるそうです。

人間の細胞の中のＢＭＡＬ１（ビーマルワン）というタンパク質には脂肪を溜め込む性質があり、それをリセットするのが朝日とのこと。つまり、朝日を浴びない限りＢＭＡＬ１が脂肪を溜め込み続けるというわけです。

肥満体型になると、学習や記憶、感情などを処理するのに重要な組織である海馬の働きが悪くなる可能性もあります。

脳のためにも、早起きして朝日を浴びる習慣を身につけたいところです。

◎年を取ると早起きが苦にならなくなる理由

精神科を訪れる患者さんの多くは、「眠れない」「夜中に目が覚めてしまう」などと睡眠に関わる悩みを口にします。心の病と関連していることもありますが、ほとんどは「心配ありませんよ」というケースです。

高齢になると、睡眠パターンが以前とは違ってくるので、その変化に不安を覚える人もいるのでしょうが、これも「心配はありません」が大半です。

最も大きな変化は、若い頃は苦手だった早起きが大得意になること。これは加齢により体内時計が変化し、血圧、体温、ホルモン分泌など睡眠に関わる生体機能リズムが前倒しになるために起こる現象です。

朝早く目覚めるから、当然、夜は早く眠くなります。だったら早く寝て、早く起きればいいだけの話です。「早寝早起き」は加齢現象によるごく自然な睡眠パターンです。高齢者の正しい眠り方なので、気に病む必要はありません。

加齢にともなうもうひとつの変化があります。それが何かというと、夜中に目が覚めやすくなることです。

ちょっとした物音で目が覚めてしまったり、トイレに起きたり……。でも、これも多くが自然な現象なので心配はいりません。

夜、眠っている間はずっと同じ深さで眠り、一定の時間が経つとだんだん眠りが浅くなって、やがて目が覚めるのだと思っている人も多いようです。しかし、実際には、睡眠にはリズムがあり、「浅い眠り」と「深い眠り」を繰り返しているのです。

前者は「レム睡眠」といい、眠っている間もまぶたの下で眼球が動いています。体は休んでいても脳は活動しているという眠りです。後者は「ノンレム睡眠」といい、眼球は動かず、脳も多くの活動を控えて休んでいる状態です。

若い頃は一般的に、入眠時にまずノンレム睡眠が出現し、1～2時間後にレム睡眠へ移ります。以降は、ノンレム睡眠とレム睡眠が交互に出現し、これをひと晩で4～5回繰り返して、やがて目が覚めるというパターンです。

ところが、年齢が上がるにつれてノンレム睡眠の出現が激減し、それだけでなく、浅いレム睡眠と少し深めのレム睡眠が20～30分間隔で繰り返されるようになり、夜中じゅう眠りが浅い状態がほとんどになるのです。

つまり、夜中に目が覚めたり、早朝に起きてしまうのは加齢による自然現象というほかはありません。悩む必要もなければ、よほど問題のある場合を除いて睡眠導入剤を飲む必要もありません。

◎早起きは大事だけど「いきなり起き」はNG

この章の最初の項目で早起きする大切さをお話ししました。ただし、その際に注意しなければならない点もあります。それは「早起き」と「いきなり起き」は似ているようでも違うということです。

では、両者は具体的にどう違うのでしょうか。

「いきなり起き」とは、目が覚めたらいきなり起きて行動し始めること。自動車にたとえていえば、エンジンが温まっていないのに高速道路を全開で飛ばすようなものです。自動車のエンジンというのは、十分に温まり、隅々までオイルが回って、ようやく本来の性能を発揮できるように設計されています。冷えたままいきなりフルパワーを出せば、必ずどこかに歪みが生まれ、故障が起きやすくなります。

脳も同じことです。起きたばかりの脳には酸素も栄養も不足しています。**そんな状態でいきなり行動し始めると、脳は準備不足のままフル回転することになり、トラブルとなります。**そこで、脳をフル回転させる前には、次のような準備運動をして血の巡りをよくします（145〜146ページのイラストもご参照ください）。

①仰向けに寝たままの姿勢で腕を軽く伸ばし、10回ほど手首から先を振ります。

②寝たままの姿勢でゆっくり膝を立てて、その状態で膝を大きくゆっくり回します。左回りと右回りを10回ずつやりましょう。この運動は腰痛の予防にも効き目があります。

③ゆっくり起き上がり、四つんばいになります。手足をベッド（布団）に対し直角に立て、視線を前方上に向け、息を大きく吸いながら胸を前に突き

出すようにして背中をそらします。
④四つんばいのまま息を吐きながら首を下げ、自分のおへそをのぞき込むように背中を丸めます。
⑤③に戻り、④と交互に数回繰り返します。
⑥四つんばいのまま背中を伸ばし、深呼吸しながら首をゆっくり左右に大きく振ります。自分のお尻を覗くようにしましょう。
⑦四つんばいのままできるだけ姿勢を低くし、全身の力を抜いて10秒ほどその姿勢を保ちましょう。

この準備運動をすると、血の巡りがよくなり、脳に十分な酸素を送り込むことができます。ベッドや布団から出るのは、この体操を終えてからにしましょう。時間がないときも「いきなり起き」はせずに、せいぜい①と②はこなしたいところです。

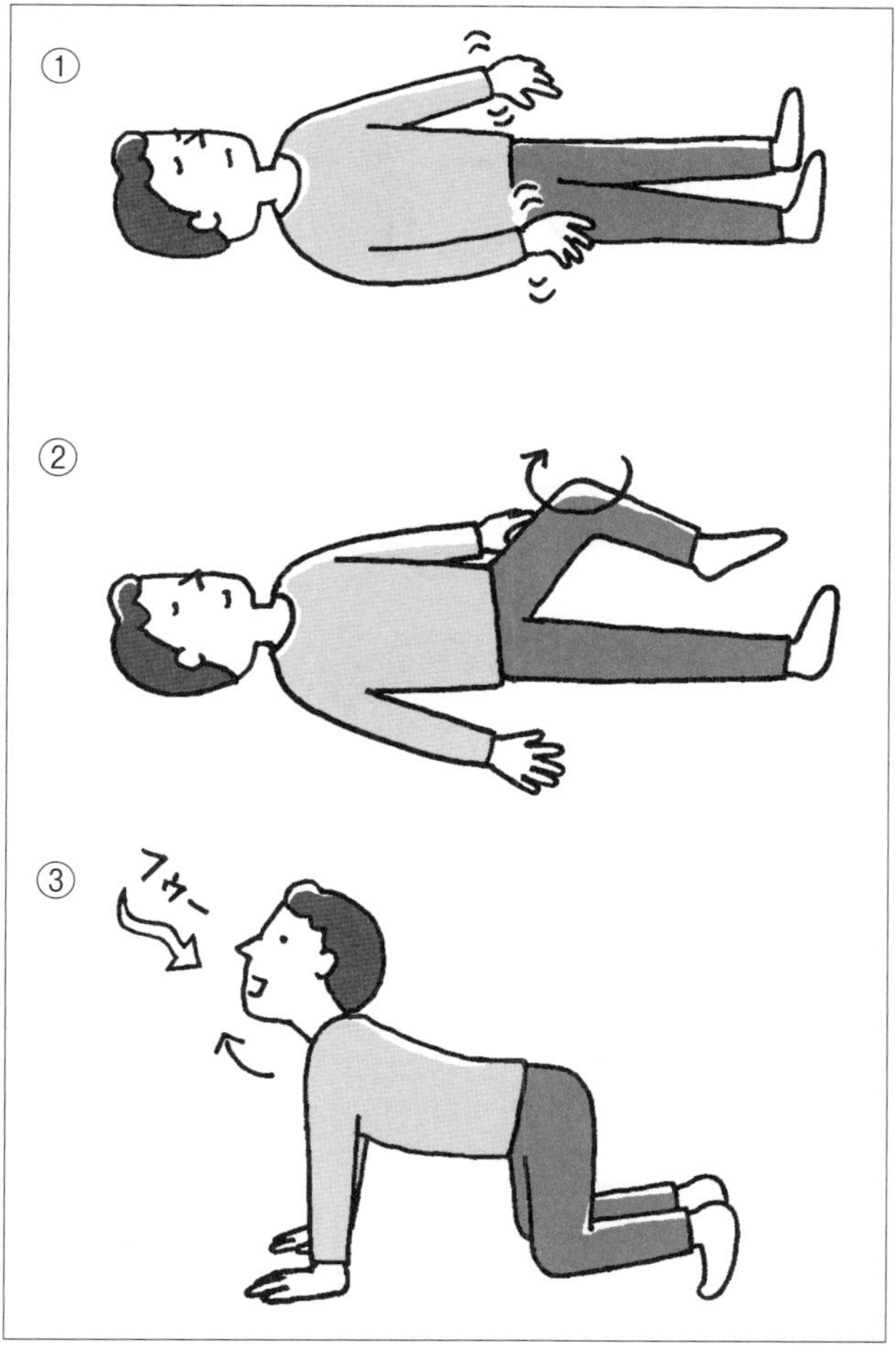
①
②
③
フゥー

④
ハアー
⑥
ハアー
⑦

◎朝風呂の習慣で脳は活性化する

あなたは、いつお風呂に入っていますか？　おそらく寝る前という人が多いはずです。その習慣はそのまま維持してもかまいませんので、脳の活性化のためには朝風呂に入ることをおすすめします。

朝は体温が低く、血流も鈍くなっています。もちろん、この状態では脳は活発に働いてくれません。そこでお風呂へ入り、脳が活性化するまで体温を上昇させるのです。

ただし、**いくら体温を上昇させるためといっても、熱いお風呂は厳禁です。**とくに寒い季節にはヒートショック（寒い脱衣所から熱いお風呂に急に入ることによって身体に及ぼす悪影響のこと。血圧や脈拍を大きく変動させ、脳梗塞や脳出血の原因になる）の危険もありますから、お風呂の温度は普段よりもぬるめにしておきましょう。そして、最初の2〜3分は腰ぐらいまでつかる程度にして、しだいに全身を湯に浸していくようにします。

このようにゆっくり時間をかけて入浴すると全身の血流がよくなり、脳に大量の酸素とエネルギーが運ばれます。

朝の脳は栄養失調状態ですから、エネルギーを充填すると脳は一気に活性化します。入浴剤を使えば、リラックス効果も期待できるでしょう。

「いくらリタイアしたひとり暮らしといっても、朝から風呂というのは……」というなら、せめてシャワーを浴びる習慣をつけてほしいものです。その際は、お風呂と同じように少しぬるめの温度でゆっくり浴びてください。

目を覚まそうとして冷水シャワーを浴びると、体温を下げてしまうので逆効果です。心臓にも悪いのでやめましょう。

◎くれぐれも注意したい昼寝の時間

定年退職して、日がな一日のんびりとすごしている人が、こんなことを言っていました。

「テレビを見ていると、いつの間にかウトウト。これが実に気持ちいいんですよ。定年後にはこんな楽しみもあったのですね」

昼寝は気持ちいいものです。日向ぼっこをしているうちに、いつの間にか舟をこいでいたという経験は誰にでもあることでしょう。

昼寝が心身によい影響を与えることは、科学的にも証明されています。

アメリカの心理学者サラ・メドック博士は、さまざまな実験から、「昼寝は注意力、判断力、運動能力を高め、ストレスも軽くなり、記憶力が増す」

と報告しています。

また、「毎日60分以下の昼寝は、アルツハイマー型認知症の発症リスクを10分の1以下にする」という説もあります。

しかし、**昼寝は時間が長すぎると逆効果になります。習慣的に1時間以上の昼寝をしているシニアは、アルツハイマー型認知症の発症リスクが通常の4倍という研究報告があります。**

メドック博士も「適切な昼寝時間は30分から90分程度」という結論に達しています。

昼寝の時間が長くなると、体が本格的な睡眠サイクルに入ってしまい、夜になってから眠れない、あるいは眠りが浅くなるなど、睡眠の質が低くなってしまうのです。

言ってみれば、昼寝はもろ刃の剣。寝すぎにはくれぐれも注意が必要です。

◎クイズ番組は解答者の気分で

クイズ番組はとても人気があります。

小学校で習う問題から、専門家でなければわからないレベルの問題まで、なんともバラエティに富んでいます。

現役の東大生、高学歴芸人などなど、クイズの解答者のほうも同じくバラエティに富んでいて、たびたび見ていても飽きることがありません。

細かく集計したわけではありませんが、１週間のテレビ放送のうち、クイズ番組は十指に余るでしょう。

実は、クイズを解くことは脳の活性化に役立ちます。ボーッと見ているだけではもったいないので、自分が解答者になった気分で解いてみてください。

そのとき、**答えを紙に書いたり、実際に声を出して答えてみるのがおすすめです。**

単に考えるだけでも脳を刺激しますが、発声することで自分の声が耳から脳へと伝わり、脳への刺激が倍増します。

誰かと一緒に見ているときは、「答えが間違っていたら恥ずかしい」と思うかもしれませんが、ひとりならなんの遠慮もいりません。気にせず、パッと声に出してみましょう。

そして、**出演者になったつもりで、間違ったときには残念がり、正解したときには思いっきり喜んでください。**

こうした感情の起伏が脳を大いに生き生きとさせるのです。

◎「こそあど言葉」は絶対禁止

こそあど言葉とは「これ」「それ」「あれ」「どれ」の頭文字をとってこう呼ばれているもので、正式には「指示代名詞」といいます。物や場所、方角などを示すときに固有名詞の代わりに使われる便利な言葉ですが、使いすぎると脳を怠けさせることになります。


あなたは次のような会話をしたことはないでしょうか。

「昨夜のニュース見た？　ほら、あの番組でやっている、あれ」

「ああ、あれね。見た見た。あの事件、ひどいね」

「ひどいよな。あの事件の犯人……なんていったっけ……ほら、あれ」

「あれだろ。わかる、わかる」

親しい間柄だと、相手が何を言いたいのかなんとなくわかるため、このように指示代名詞だけでも話が通じてしまうことがあります。時には、何を思い出せなかったのかさえ忘れてしまうことも……。しかし、これは脳がサボっている証拠です。

脳をいつまでも元気に保つためには、「こそあど言葉」を極力使わないことです。

「あれ」と言いたいところをグッと我慢して、「あれ」がなんなのかを思い出す努力をします。親しい友人などにはあらかじめ、「こそあど言葉を使ったら、何を指しているのか確認してほしい」と頼んでおきましょう。

こうしておけば、「あれとって」と言ってしまった場合も、「あれって何?」と聞いてもらえます。こんなときは「あれって、あれに決まっているじゃないか」などと開き直らずに、「あれ」が何を示しているのかをよく考えましょう。すると会話に緊張感が生まれ、他愛のない話をしていても、脳にとってはよいトレーニングになります。

そのときの「考える力」が、**死滅しかかっていたニューロンに再び息を吹き込み、よみがえらせることになります。**

どうしても思い出せないときはどうしたらいいのでしょう。

そんなときは他人には聞かず、１分ほどの時間でインターネットなどを使って調べるようにします。

いちいち面倒だと感じるかもしれませんが、この「面倒くささ」が記憶力の強化につながるのです。

ただ、インターネットになんて頼りたくないと、自力でうんうんと唸ってでも思い出そうとそれなりの時間を費やすと、逆に脳にストレスを与えてしまうことになるので要注意です。

◎脳は70歳を超えても鍛えることができる

「練習を1日休むと自分でわかり、2日休むとパートナーにわかる。そして、3日以上休むと観客にもわかってしまう」

これは、ある有名なバレリーナの言葉です。どんなに素晴らしい才能を持っているバレリーナでも、たった1日練習を休んだだけで身体のキレが悪くなるというのです。

このように、使わない身体の部位の働きが衰えてしまうことを「廃用性萎縮」といいます。廃用性萎縮が起こるのは、なにもスポーツ選手やアーティストだけではありません。たとえば、脚を骨折してベッドや車椅子での生活を続けていると、骨折が治った後もうまく歩くことができなくなります。これは、使わない間に筋肉や神経が衰えてしまうために起こるものです。

それでも、筋肉量が多い若い人の場合には、リハビリをすれば以前と同じように歩けるようになりますが、高齢者の場合にはリハビリをしても再び歩くことができず、そのまま寝たきりになってしまうケースも少なくありません。

これと同じことが脳にも起こります。

脳にはニューロンと呼ばれる神経細胞があり、無数のネットワークとして張り巡らされています。ニューロンは学習や記憶と密接な関係があり、前述の脚の筋肉と同じように使用頻度が少ないと衰えてしまうのです。

脳は70歳を超えても鍛えることができますが、使わなければ20代、30代でも衰え始めます。だらだらとテレビやスマートフォンを見ているだけで、自分で考えることを放棄すれば、脳はあっという間にサビついてしまうのです。

ですから、脳についても、ふだんのトレーニングが必要になります。といっても、特別なことをするわけではありません。ちょっとしたことを毎日サボらずに続ければいいのです。

トレーニングで大切なのは日々の積み重ねです。そのためには、一つひとつのトレーニングが大げさだったり、大変なエネルギーを必要としないほうがいいでしょう。そのほうが長続きするものです。

そして、もうひとつのポイントは、トレーニング自体が楽しいこと。**楽しいことをしているときに脳は快楽物質を分泌し、この快楽物質が脳の活動をさらに活発にするのです。**

つまり、ちょっとした楽しいトレーニングを続けることが、脳をサビつかせないための最も効果的な方法というわけです。

◎日記を書くことが脳トレになる

「日記というのは、自分の内部に起こりつつあることを、はっきり当人に知らせてくれる」

フランスの哲学者であるジャン・ポール・サルトルの言葉です。

この言葉を知らなくても、誰でも一度は日記をつけたことがあるでしょう。

しかし、たいていの人が三日坊主で終わったのではないでしょうか。

三日坊主になってしまうのは、頑張りすぎが原因かもしれません。

もし、その日に起こったことや感じたことをもれなく思い出して、くわしくきちんと書こうとしたり、ノルマのように考えていたりしたら、続かないのも当然です。

日記を長続きさせるにはどうしたらいいのでしょうか。

一行だけでもいいから書くことです。

内容は「近所の公園の桜が咲いた」でも「昼食のカレーがおいしかった」でもいいのです。とりたてて何もない一日であれば、「おだやかだった」のひと言でもかまいません。

さて、なぜこのように日記を書くことをおすすめしているかというと、**その日に何が起きたかを思い返すのは、脳にとってとても重要だからです。**

その日の出来事を思い返すときに、脳の中には、それが起きたのはいつ？どこで？　どんなシチュエーションだった？　それをどう感じた？　どんな言葉のやりとりがあった？　など、さまざまな「？」があらわれます。

つまり、記憶や感情が呼び戻されているわけで、これが脳の認知機能を鍛えることにつながります。まさに「認知症の予防法」といえるでしょう。

◎ウォーキングは足腰ばかりか脳も鍛えてくれる

病院の待合室で、女性ふたりがこんな会話をしているのを耳にしたことがあります。

「最近は出歩くのが億劫になってきたの。検査をして、薬をもらわないといけないから、今日はちょっと無理して歩いてきたけど」

「お医者さんは『ゆっくりでいいから歩きましょう』って言うけど、ゆっくり歩いたところで運動になるのかしら？」

「そうよね。疲れるだけ損したような気になるわよ」

どうやら、おふたりは「歩くこと」の大切さを理解していないようです。

たしかに高齢者の中には「今さら体を鍛えたところで……」と思っている

人もいるでしょう。しかし、**健康寿命を考えれば、高齢者にとっても運動は欠かせないものなのです。**

ハーバード大学の研究で、「1日40分以上の速足歩行をしている人は、心筋梗塞になるリスクが40％も低くなる」というデータがあります。また、「適度な運動をしている人はアルツハイマーになりにくい」という研究結果もあります。

こうしたことを知ってか知らずか、スポーツジムに通って、ランニングマシンやバイク（自転車こぎ）、筋トレのマシン、あるいは室内プールなどで体を鍛える中高年もたくさんいます。

その一方で、「運動の大事さは理解しているけど、わざわざジムに通うのは面倒」という声も聞きます。

そういう人にこそおすすめしたいのがウォーキングです。

ウォーキングは、体に多少の負荷はかけるものの無理はせず、軽く汗ばむ程度が目安です。個人差はありますが、距離にして2～3キロを30～40分のペースで歩けば、心拍数は１００前後になるはずですから、その程度の運動量で十分でしょう。

では、ウォーキングにはいったいどんな効果があるのでしょうか。

まず、血流がよくなります。

血液は心臓から全身に送られますが、その後、ふくらはぎの筋肉が収縮し、血液を心臓に戻しています。つまり、**歩くことでふくらはぎの筋肉がしっかり収縮すれば、自然に血流がよくなるわけです。そして血流がよくなれば、当然のように血栓のリスクが下がります。**

ただし、これまでエレベーターやエスカレーターに頼ってばかりで、階段の上り下りもしなかったような人が、いきなりウォーキングを始めるのは不安でしょう。そういう人は、軽い散歩からスタートして、まずは歩く楽しさを味わってみてください。

「歩く楽しさ」とは何かというと、歩くことそのものではなく、周りの景色を見たり、自然の音を聞くことです。それだけでも心が洗われたような気分になるでしょう。

他にも、春なら梅の花が咲いていたり、桜がつぼみをつけ始めたりします。木々の葉が日増しに緑を色濃くしていく様子も目の当たりにするでしょう。秋はイチョウやモミジが色づく変化にも目を奪われるはずです。

季節ごとにそんな新しい発見をすることもまた、散歩の大きな楽しみです。

そして、散歩に慣れてきてウォーキングを始めるようになっても、「何かを発見する心や感動」は持ち続けてください。**体を動かしながら、心にも刺激を与えることは、脳の活性化にもつながります。**

◎なぜ、歩くことが脳に効くのか

散歩やウォーキング、つまり歩くことが脳にいいことは前項でご理解いただけたでしょう。ここでは、その理由について考えてみたいと思います。

ＤＮＡのひとつにミトコンドリアＤＮＡがあります。これは、母親から子に受け継がれるもので、特定の人物の母、祖母、曾祖母……という女系の祖先をたどることができます。

カリフォルニア大学の研究室が、世界各国の民族のミトコンドリアＤＮＡを調べたら、すべての人の女系祖先がアフリカのひとりの女性に行き着くとわかったそうです。

つまり、人類はアフリカから世界中に棲息地を拡げていったということです。当然、飛行機や自動車などはありませんから、移動の手段は徒歩のみ。

それで数万キロの距離を移動していったわけです。

この長時間・長距離の徒歩が、人の脳を発達させたのだという説があります。**脳と歩くことに密接な関係があるのは、酔っぱらったときの状態を思い出すとよくわかります。**酔っぱらうと、最初に乱れるのは足元です。千鳥足というように左右によろよろと不安定な歩き方になってしまいます。これは、アルコールの作用で脳の働きが鈍ったために起きる現象です。

また、アメリカのクレーマー博士が、60〜70歳の男女に毎日、散歩をしてもらい、半年後に脳の反応速度を調べたところ、散歩をしない同年齢の男女よりもほぼ半分に短縮されたという実験結果もあります。

私たちは、無意識に歩いていますが、実は歩くというのはとても複雑な動作なのです。歩くときは、まっすぐに立ち、両足を交互に出します。このときに出した足と支えている足が強調し合い、バランスよく補い合わないと、うまく前に進みません。ちょっとした障害で倒れてしまいます。

ウォーキングをするということは、脳を鍛えているのと同じです。日常的にも歩く時間を増やす工夫をしたいところです。たとえば、バス利用をやめて歩くようにする。あるいは目的地のひと駅手前で電車を降りて、歩くようにするのも有効です。さっそく明日から実行しましょう。

ただし、「やりすぎ」には要注意です。**過剰な運動は免疫力を下げるリスクがあるのです。**東京都健康長寿医療センター研究所老化制御研究チームによると、「歩けば歩くほど体にいいというのは間違った思い込み。中高年になったら、一日８０００歩と20分程度の中強度の運動を組み合わせて行うのが長寿の秘訣」とのことです。

◎寝つくためにはリラックスが何よりも大事

「睡眠負債」という言葉があります。日々のわずかな睡眠不足が積もり積もって、心身の不調をきたすほどの睡眠不足になっている状態をいうものです。ちょっとずつ借りたお金を長い年月にわたって返済せずにいると、気がついたときには多額の借金になっている状況に似ているために「負債」と呼ぶわけです。

ＯＥＣＤ（経済協力開発機構）の２０２１年の調査では、日本人の平均睡眠時間は４４２分（7時間22分）で、ＯＥＣＤ加盟30カ国の中で最短でした。

シニアからよく聞くのは「布団に入っても、なかなか寝つけない」という言葉です。若い頃のように「バタン、キュー」とはいかず、悶々《もんもん》としているうちに深夜の時間帯に及んでしまうようです。

「寝つけない」「眠れない」という人に、私は以下のようなアドバイスをしています。いずれもリラックスするための手段です。寝つくためにはリラックスが何よりも大事なのです。

●日中にウォーキングなどの軽い運動をする

長い距離を走ったり、ハードなトレーニングに取り組んだりする必要はありません。のんびりとした散歩でもけっこうです。ポイントは「体を動かすのは夕方まで」で、夕方以降はおだやかな時間をすごしてください。

●コーヒーや濃いお茶は眠りにつく3時間前までに

コーヒーやお茶に含まれるカフェインには覚醒作用があるので、眠る前にのどが渇いたら、暑い時期なら冷たいほうじ茶や麦茶、寒い時期ならホットミルクがおすすめです。

●お酒とタバコは控えめに

飲酒も喫煙も、個人のライフスタイルの一部ですので全面否定はしませんが、飲みすぎ・吸いすぎは禁物です。お酒を飲む場合、飲み終わってから眠りにつくまで3時間ほどは空けてください。

●眠る準備は2時間前から

たいていの人は、布団に入る時間帯がだいたい決まっているでしょう。その2時間くらい前に部屋の照明を少し落としてみましょう。明るさを一段階下げるだけで、部屋の雰囲気が落ち着いたものになるはずです。テレビやDVDなど視覚を刺激する映像も避けたほうがいいでしょう。

●ぬるめのお風呂がおすすめ

眠ろうとしている直前に熱いお風呂に入ると、気持ちを高ぶらせてしまいます。眠るためには、逆にややぬるめのお湯につかり、布団に入る30分ほど前には上がりましょう。

この項目の最後に、「何が寝つきを妨げるのか」についても説明しておきましょう。

答えは「無理に寝ようとする気持ち」です。

「眠ろう」あるいは「眠らなくては」と、焦れば焦るほど眠りは遠のいていきます。繰り返しますが、大切なのはリラックスです。先ほどのアドバイスを参考にしながら、自分なりのリラックス法を見つけてください。

《食習慣編》

◎朝食をとるメリットはこれだけある

一時期、バナナを使ったダイエットが人気を呼びました。そのブームは過ぎ去ったようですが、バナナ自体が全面否定されたわけではなく、人気は健在で、日本で食べられる品種や種類も増え続けているようです。

実際、**脳のことを考えると、バナナは朝食にぴったりの食品です。**

最近の研究で、脳がフル回転するのは食後2時間以上経ってからということがわかってきました。

リタイアした人でも、朝から脳がフル回転できる状態にしておいたほうがいいのは言うまでもありません。朝早くに危険な投資への勧誘、詐欺の可能性が高い電話がかかってくることもあるからです。そんなとき、判断力に欠けるぼやけた頭で話を進めてしまったら、後々取り返しのつかないことにもなりかねません。

しかし、ある調査によると、ひとり暮らしの男性の3人に2人は朝食を食べていないとのこと。その理由として「朝が弱くて起きられない」と答える人が多いそうです（このデータの対象者には現役世代も含まれています）。

朝が弱い人は、血中ブドウ糖濃度と体温がともに低いことが多いようです。これが脳が十分に働かない理由です。

少しでも早く脳を活性化させるためには、糖分と良質のたんぱく質を摂取する必要があります。本来ならしっかりとした朝食をとるべきですが、それが難しいときに利用したいのがバナナなのです。

バナナ、卵、牛乳、ハチミツ、それぞれ適量をミキサーに投入しシェイクを作り、飲む……。これなら時間もかかりません。

ハチミツは、体内に入るとすぐにブドウ糖に変わり、さらにグリコーゲンに変化して脳の栄養源になります。また、バナナに含まれている果糖もグリコーゲンに変化しやすいため、脳にとってはこれ以上ない素晴らしい栄養ドリンクとなります。

また、便秘の予防にも朝食は欠かせません。人間の身体は食物が体内に入ると腸の動きが活発になり、便意を催すようにできています。これを胃腸反射といいます。

この胃腸反射は朝食後に最も強く起こることが知られています。毎日朝食を食べることで便秘を防ぐこともできるのです。

◎おいしく食べると脳が元気になる

人体の中で最も繊細な感覚を持っている器官は手です。それに続くのが唇と舌で、胴体や足は他の器官に比べて鈍感です。つまり、**手と唇、そして舌を刺激すれば、脳は効率よく活性化する**ということです。

では、手と指、舌を手っ取り早く刺激するにはどんな方法があるのでしょうか。実はごく身近に、それもうれしくなってしまうような方法があるのです。それが何かというと、おいしいものを食べることです。

ナイフやフォーク、箸などを使って料理をつまみ、それを口に運んで味わう……。これだけのことで脳は活性化するのです。なぜなら、食べるためのこの動作は、手、唇、舌をすべて同時に活用しているからです。

しかし、年金暮らしのシニアの中には、「脳のためにもおいしいものを食べたほうがいいのは理解したけれど、そうは言っても先立つものが……」と考えてしまう人もいるかもしれません。

そんな人におすすめしたいのが、〝もたさん〟こと精神科医の斎藤茂太さんが実践していた「おいしいテクニック」です。テクニックといっても、難しいことは何もありません。**どんな食事でも、口に入れたとたん、「おいしい！」と言うだけでOKです。**

まるで子供だましのようですが、「病は気から」という言葉があるように、私たちは想像以上に自己暗示にかかりやすいところがあります。

たとえば、「熱いから気をつけてくださいね」と言いながら冷たい水が入った湯飲み茶碗を差し出すと、たいていの人は手に取った瞬間、「熱い！」と言います。また、苦手な人のことを「あの人はいい人だ」「あの人を尊敬している」と思うようにしていると、いつの間にか苦手意識が消えることも知られています。

「おいしいテクニック」は、この自己暗示を利用しています。つまり、味蕾《みらい》細胞が料理の味を分析する前に、「おいしい！」と言うことによって、脳に「おいしい」という信号を先に送り、その料理をおいしく感じさせてしまうのです。

「おいしい！」と言いながら食事をすれば、冷たくなったお弁当や食べ飽きたファストフードでもおいしく思えてくるから不思議です。

「おいしい！」には別の効果もあります。**「おいしい！」と言いながら食べていると、脳が活性化して快感物質が分泌されるようになるのです。**快感物質には、物事をポジティブに受け止める働きがあるため、ますますおいしく感じるようになります。

会食中に、苦手な食べ物を見つけると、露骨に嫌な顔をする人がいますが、そんなことをしても自分と周囲にストレスをまき散らすだけです。場の雰囲気も悪くなります。

嫌いなものがあっても、「おいしい！」と言って食べてみましょう。すると、脳が活性化して場を盛り上げられるはずです。

朝食は抜きで、昼食はファストフード、そして夜はコンビニ弁当を買って、ひとりで寂しく食べる……。

これは脳のためにも健康のためにもおすすめできない生活スタイルですが、金銭的な問題でせざるを得ないのなら、せめて「おいしい！」を連発して食事をしてみましょう。そうすることで、少しでも脳の衰えを防ぐことができるはずです。

◎「一日３食」にこだわる必要はない

「一日３食をきちんと食べる」というのは、当たり前のこととされていて、たいていの人は朝どんなに食欲がなくても、「ちゃんとご飯を食べなさい」という母親の言葉に従って朝食をとり、風邪気味で何も食べたくないときも食事をするという習慣を守り続けてきたのではないでしょうか。

そのため、一日３食という習慣は、ほとんど強迫観念のように染みついて、「食べないと体を壊す」「食べないと力が出ない」という朝食に対する考え方も定着しているように見えます。

では日本人は、いったいいつから「一日３食」を習慣にしてきたのでしょうか。

実は江戸時代まで、一般的な日本人は一日2食で暮らしてきました。それが一日3食の習慣に変わったのは、江戸時代に幕府が全国から大工や職人を江戸に集め、一日中仕事をさせていたことが原因でした。

重労働をするのに朝食と夕食だけでは体力がもたないので、昼にも食事をする習慣が生まれ、やがてそれが社会全体に広がっていったというのが定説のようです。

しかし、日本人のライフスタイルは、当時に比べて大きく変化しました。とくに第二次世界大戦後は、働く人の消費エネルギーは大幅に減りました。頭脳労働が増えたことで運動量は昔と比べると格段に減ってしまい、それにともなって必要とする栄養量も減ったのです。そして令和の今日、コロナ禍が収まったとしても、その後も在宅ワークが続きそうです。

このような時代背景を考えると、「一日3食食べないと栄養が足りない」

とする説には説得力がなくなります。今の時代に合った食生活や、個々の事情に合った食習慣を考える必要があるのかもしれません。

まして、**ひとり暮らしを送るシニアが「一日3食」にこだわる必要はまったくないでしょう。**現役時代とは消費エネルギーが大きく違うのですから。逆に言えば、現役時代と同じペースで食べ続ければ、糖質やカロリーの摂りすぎになってしまう可能性が大です。

ですから、そのときの生活事情に合わせて、食事のしかたも自分流にアレンジするほうがいいでしょう。**食欲のないときに無理をして食べる必要もなければ、時間どおりに3食とる必要もありません。**

「一日3食」に縛られず、自分の体の声に耳を傾けながら、自由に食生活を楽しみたいところです。

◎物足りないくらいの量がちょうどいい

「一日3食」にこだわりはないものの、2食を思いっきり食べる……。これではー日3食をやめたメリットを享受できません。

野生のトラやライオンは、人間にとって危険な動物です。しかし、動物園にいるトラやライオンは寝てばかり。その様子を見ていると、「彼らのどこが危険なのか」と思ってしまいます。

彼らがグータラしている理由のひとつに「満腹」が挙げられます。動物園で飼育されている動物には毎日十分な量の餌が与えられているので、いつも満腹状態。お腹いっぱいになると何もしたくなくなって眠くなるのは、私たち人間も同じでしょう。

しかし、脳のことを考えると、毎回毎回満腹になるまで食べるなど、あまり好ましいことではありません。

イェール大学のホーバース博士は、それを実験で証明しました。

お腹がすくと、食べ物がほしくなります。この行動を促しているのがグレリンというホルモンです。胃から分泌されたグレリンは、下垂体と視床下部に働きかけ、食欲を増進させます。

ホーバース博士は、このグレリンというホルモンを生成できないマウスをつくり出し、脳の働きを調べました。すると、記憶力に関係する海馬のシナプス数が通常のマウスより25％も低いことがわかったそうです。

しかも、この状態のマウスにグレリンを注射したところ、シナプス数が急激に増加したというのです。

グレリンがつくり出せないということは、空腹を感じないわけで、常に満腹状態と同じということになります。

実際、私たち人間の血中グレリン濃度を調べたところ、太っている人よりもやせている人のほうが高いことがわかっています。

もちろん、ホーバース博士の実験結果をそのまま人間に当てはめるわけにはいきませんが、**常に満腹状態でいたり、肥満体型になると、海馬の働きが悪くなり記憶力が落ちる可能性がある**といえるのではないでしょうか。

江戸時代には何度となく全国各地で大飢饉《ききん》が起きました。実は私たち日本人が十分な食糧を得られるようになったのは、つい最近です。つまり、空腹のほうがふつうの状態だったのです。

「ご飯を抜け」とまでは言いませんが、せめて腹八分目で抑えておいたほうが脳のためにはよさそうです。

◎ひとりの食事でも「いただきます」「ごちそうさま」を

食事の前には「いただきます」、食事が終わった後には「ごちそうさま」と言う。また、「いただきます」のときには合掌をし、「ごちそうさま」のときには軽く頭を下げる……。

現在、シニアと呼ばれている世代だったら、こうした習慣が自然と身についているかもしれません。しかし、ひとり暮らしだと、食前食後の挨拶は省略し、「さあ、ご飯にしようか」とつぶやくくらい。食後も黙って立ち上がってはいないでしょうか。

「ひとり暮らしなのだから、なにも改まってそんな挨拶をする必要はないだろう」と思っているかもしれませんね。でも、「いただきます」「ごちそうさま」は、単なる挨拶以上の意味を持っているのです。目の前の食べ物に対する深い感謝や思いが込められた言葉だということをご存じでしょうか。

私たちが口にする食べ物は、肉や魚は言うまでもありませんが、野菜や果物もみな命ある存在です。その命を「いただいて」自らの生命活動の源にしていく……。それが、動物である人間が生きていくうえでの宿命です。

つまり、「いただきます」は、他の生命体の命をいただくことに対する心からの感謝の言葉なのです。

キリスト教でもイスラム教でも、食事を与えてくれた神に対する感謝は捧げますが、地球上で展開される食物連鎖に対する感謝を含む「いただきます」とは本質的に異なるでしょう。

「いただきます」という言葉の根底には、生命の営みに対する深い哲学があると私は考えています。

また、食後の「ごちそうさま」は、あちこち走り回って今日の食卓を調《ととの》えてくれたことに対する感謝の言葉――。転じて食卓に並んだものをありがたくいただくことへの感動の言葉ともいえるでしょう。

仏教精神が流れる日本の食事作法には、初めから終わりまで「万物に対する感謝の念」がいっぱい込められています。

ですから食卓に向かうのがひとりであっても、食事の前には「いただきます」を、食事が終わった後には「ごちそうさま」と口にすることを、おろそかにしないようにすべきです。

こうした感謝の心があれば、たとえ質素な食卓でも「わびしい」と思うようなことはなくなります。

それどころか、一回一回の食事を大切に思う気持ちが強くなっていき、ひいては食べること、生きること、そして命を永らえていることへの感謝の思いも深まっていくでしょう。当然、精神的な安定も得られます。

◎食事にはできるだけたくさんの色を取り入れる

「医食同源」という言葉があります。「薬と食べ物は本質的に同じもの」という意味で、東洋医学の思想から生まれた言葉です。日頃からバランスのとれた食事をしていれば病気にかかりにくくなるし、病気の症状も改善できるという教えです。

現役時代は、やれ接待だ、同僚との飲み会だといったつきあいで飲食する機会も多かったはずなので、食のバランスを考えることは難しかったでしょう。それでも現役時代は体力があるし、免疫力や治癒力も高いこともあって、なんとか無事にすごせていたかもしれません。

しかし、**シニアは無理が利きません。**だからこそ、「医食同源」を意識し

た食生活を心がけてほしいのです。ましてひとり暮らしとなると、すべてを自分でコントロールしなければならないので、なおさらです。

そのためには、一日30品目以上の食材を摂るべきだとされていますが、毎日それだけの食材をそろえて料理をつくるのは、金銭的にも労力的にも大変なことです。**だったらせめて、5色の食材をそろえる習慣をつけてほしいところです。**そうすることで簡単に栄養バランスのとれた食事をとることができるのです。

5色とは何色なのでしょうか。

「赤」「黄」「緑」「白」「黒」です。以下に各色の代表的な食材を挙げておきます。

●赤の食材

肉、魚、トマト、にんじんなど。

●黄の食材

ぎんなん、かぼちゃ、味噌、豆腐（大豆が原材料となっているため）など。

●緑の食材

ねぎ、しそ、ほうれん草、ピーマンなど。

●白の食材

白米、パンやうどんなどの小麦製品、牛乳、大根など。

●黒の食材

きのこ類、海藻類、こんにゃくなど。

各色を同じ量にしなければならないというルールもなく、できるだけたくさんの色を食事に取り入れるよう心がけるだけでＯＫです。意識するだけで、外食時にも不足している色がすぐにわかって、追加注文で補うこともできるでしょう。これなら長続きできるはずです。

第5章

無用な不安を手放しておだやかに生きる

◎「どうにかなりそうなこと」にだけ努力する

経済広報センターが2019年10月に結果報告した「高齢期の暮らしに関する意識・実態調査」によると、「高齢期の生活・暮らしに期待すること」という質問に対して「心穏やかに過ごせる」が67％と突出した数字になりました。また、「生活・暮らしについて不安に思うこと」には、「健康で自立した生活を送ることができなくなる」が69％で、「収入（年金など）が減少し、生活が苦しくなる」の62％を上回りました。

ここからはシニアが「健康な身での心おだやかな生活」を求めていることが明らかになりました。

超高齢化が進む日本では、2025年には65歳以上のシニアの5人に1人が認知症になると推計されていますし、新型コロナウイルスのような感染症も流行していますから、健康に不安を感じるのは当然でしょう。

しかし、不安になりすぎるのも考えものです。なぜなら、どんなに注意深く暮らしていても、病気にかかることは避けられないからです。

かかるか、かからないかわからない病気に怯《おび》えながらビクビク暮らしていると、コルチゾールという悪玉ホルモンの分泌量がどんどん増えて、免疫力は衰える一方です。その結果、かえって病気にかかりやすくなってしまいます。ですから、「人生にはどうにもならないことがある」と腹をくくる必要もあるのです。

だからといって、無頓着でいいと言いたいわけではありませんが、人生には「どうにかなりそうなこと」もたくさんあります。

たとえば、あなたが喫煙者なら、今からでもタバコをやめれば、がんの発症を防げるかもしれません。また、毎日体を動かしたり、頭を使っていれば、寝たきりや認知症になるリスクを減らせます。

「孤独」も同じです。とくに自らが望む形ではなくひとり暮らしを始めたばかりの人の中には、「ひとり暮らしがこんなに寂しいとは思わなかった」「友だちがいなくてつらい」といった感情に苛まれている人も少なからずいるものと思われます。

でも、こういった状態は「出会いのチャンス」をつくることに無頓着なために起きてしまったことで、自ら行動を起こせば、「なんとかなりそう」なことではないのでしょうか。

とにかく、「どうにもならないこと」に対しては達観し、「どうにかなりそうなこと」に対しては努力してみるという姿勢が、心豊かに暮らすためには求められるのではないかと思います。

◎上手な愚痴は心を活性化させる

「まったく、いつも愚痴ばかりなんだから、話すのも嫌になっちゃう」

高齢者に対する批判の最たるものがこれです。あなたもこんな陰口を叩かれているかもしれません……。

人生も晩年の黄昏時《たそがれどき》。しかもひとり暮らしともなると、心にモヤモヤが溜まることもあるでしょう。でも、口から出るのが愚痴ばかりだったら、敬遠されても文句は言えません。

とはいえ、寂しさもつらさもうっぷんも、ぐっとこらえて胸の内にしまっておいたのでは気持ちは沈み、うつになってしまうこともありそうです。

では、どうすればいいのでしょう。

心のうっぷんは無理に抑え込まずに、ときには上手に愚痴を誰かにぶつけ、心をリフレッシュさせることも大事です。

ただし、そこには守りたい〝ルール〟があります。

まずは〝相手選び〟です。古くからの友人など、気心が知れている相手に聞き役になってもらうのがいちばんですが、できたらその中でも、似たような状況にいる人が望ましいでしょう。あまりにも状況が違いすぎていると、気持ちを受け止めてもらいにくいからです。

そして、もうひとつ。〝お返し〟が必要ということです。

こちらが愚痴を聞いてもらったら、次は相手の愚痴の聞き役に回ることも考えておきたいところです。もちろん、きれいに交互に役割を代える必要はありませんが、〝一方通行〟ではさすがの相手も「もう、いいかげんにしてくれないかな」という気持ちになるでしょう。

◎「老い」は「成長」であると考える

「老後の暮らしを快適にする生活術」や「老後を生き生きと暮らす健康法」など、私たちのまわりには「老後」という言葉があふれています。また、本の世界でも、80代や90代の方がカクシャクと生きる姿が伝えられています。そこからは「老後」という年寄りくささは微塵も感じられません。

しかし、現実には「老後」のとらえ方はさまざまです。

まだ60歳にもならないのに「もう年だから」と、すっかり老け込んでしまっている人もいれば、80歳を過ぎても元気に選挙に打って出る長老もいます。

ひとり暮らしをする人の中にも、「さあ、これから新しい人生が始まる」とウキウキしている人もいれば、「孤独でつまらない」と身も心も萎縮してしまっている人もいます。

まさに人それぞれ、100人いれば、百様の「老後」があるのかもしれません。

ところで、「老い」と「成長」というと、まるで違う言葉のように感じられるかもしれませんが、果たしてそうなのでしょうか。

たとえば、20歳の人がゴルフを始めても、70歳の人が始めても、「うまくなりたい」という願いは同じはずです。ときどき行くカラオケ店で、歌うたびに「もっと上手に歌いたい」と思う気持ちにも、年齢は関係ありません。

つまり、**命あるかぎり人間は成長し続ける生き物なのでしょう。**

私は以前、聖路加国際病院で働いていましたが、同病院の理事長だった故・日野原重明《ひのはらしげあき》先生も、『向上心』は人生を磨く」と、上をめざすことの大切さを語っていました。「未知の世界に自ら飛び込んで、やったことのないことをやることによって、使ったことのない脳が働き出す」と、チャレンジによって人間の脳が進化するプロセスと、未来に向けて一歩踏み出すことの意識を言葉にしています。

さらに、日野原先生の「どんな困難に直面しても、『ここから始まるのだ』ととらえ直すことができれば、私たちは必ず前進できます。生きていることの意味は自分で探し、勝ち取るものです。それが、つまり生きがいにつながります。人生とは未知の自分に挑戦することです」という言葉は、私たちをどれほど勇気づけてくれることでしょう。

100歳を過ぎても衰えない探究心と好奇心で、生前、いつもワクワクしながら暮らしていたという日野原先生の原動力も、やはり尽きせぬ成長への願いだったのかもしれません。

もっとも、「成長」をめざそうとして、ことさら堅苦しく考える必要はありません。何か自分が好きなこと、興味があること、魅力を感じることを見つけて、それに熱中していれば、成長は後から自然についてくるでしょう。

楽しみながら学び、学びながら成長する。充実した老後をすごすには、成長が大きなファクターになります。

本を読んだり、映画を観たり、インターネットなどで調べごとをしたりして好奇心を満たしているうちに探究心が湧いてきたら、大学の公開講座で学んだり、図書館をデスク代わりに使ったりしてみましょう。生活の幅まで広がるかもしれませんよ。

なにしろ、ひとり暮らしの身、24時間自分で好きに使っても誰からも文句を言われないのですから、有効に消化したいものです。

好奇心で目を輝かせながら何かに挑戦する気持ちは、あふれる活気をあなたにもたらし、老いをはねのけてくれるでしょう。

◎できたことができなくなるのは当たり前

真面目で一生懸命生きてきた人ほど、年を取ってから理想と現実のギャップに悩むことが多いようです。

自分では若いつもりでいても、少し前まで簡単にできたことを難しく感じたり、気力や体力がだんだん衰えてくると、自分の老いにショックを受けてクヨクヨ悩んだり、元気がなくなることがあります。

階段の上り下りに手すりを使うようになったり、電車の中でなんとか座席に座ろうとしたり、出かけるのが面倒でつい出不精になったり……。ふと気がつくと、老いの兆候が目の前にあらわれて、愕然とする人もいるかもしれません。

そのほかにも、よく物をなくしたり落としたりする、老眼鏡なしでは新聞が読めなくなった、物忘れが多く人の名前が出てこない、朝までぐっすり眠れなくなった、などということもあるでしょう。一般に、リタイアする頃になれば、こうした老化現象を避けて通ることはできません。

これらは誰にでも訪れる生理学的な変化ですから、ほとんどの人は「自然の流れだから」と達観して、自分なりの老化を認識していくようです。ただし、老いを認めず、若い頃の基準をそのまま引きずって、自分を苦しめてしまう人もいます。

しかし、「自分はまだまだ若い人には負けない」「いまでも全力を出せば、昔と変わらない」と頑張ってみても、心身の衰えは否定しようがありません。

ある程度の老いを認めないことには、現実との折り合いをつけられないのです。

これまでビジネスの最前線で働いてきた男性が「いつまでも現役で活躍し続けたい」と願うのも、いつも若さと美しさを大切にしてきた女性が「これからも容姿を保っていきたい」と望むのもわかりますが、その理想があまりに高いと、埋められないジレンマに陥って、心が疲れ切ってしまうでしょう。

人間は生まれた瞬間から老いに向かって歩き出しているのです。誰もそれを否定できません。

つまり、できないことはある程度あきらめて、あるがままの自分を受け入れながら、できる範囲で若さを保つ努力をすればいいのではないでしょうか。

定年を迎える年代になったら、なんでも100パーセントやり遂げようという完璧主義は捨て、7〜8割の力で余裕を持って物事に取り組むようにシフトするのもいいでしょう。

ただし、「もう若くないから」と年齢を言い訳にして、若さを維持する努力を手放すのは感心しません。

老いに対して過度な抵抗はせずに、それでも気持ちの若さは保ち続けるというのが、上手に年を取るためのセオリーだと思います。

「若い頃の80パーセントもあれば十分！」

そう考えて自分の能力と折り合いをつけ、無用なイライラを吹き飛ばして、今を精いっぱい生きることに徹しましょう。それでこそ「ひとり老後」は明るいものになります。

◎嫌な記憶だけが消える「忘却術」

人生は楽しいことばかりではありません。たまには嫌なことも起こるし、忘れたいこともあるでしょう。だからこそ、嫌なことだけきれいさっぱり忘れられたら便利ですね。

そんなことが可能なのでしょうか。

実は、可能なのです。ここでは日頃のイライラやムカムカの原因になる嫌なことだけを忘れて、気持ちを切り替えるコツをお教えしましょう。

忘れたいのに忘れられないということはよくあるものです。でも、忘れることは精神の安定を保つうえで絶対に必要です。

「忘れる」というメカニズムは、私たちが生きるための防衛本能でもあります。ピンポイントで記憶を消せる「忘却術」があるのです。

なるべく早く嫌な記憶を消すコツとはなんなのでしょうか。意外かもしれませんが、「忘れたい記憶は書いて忘れる」という方法なのです。

「忘れたいことを書けば、もっと忘れられなくなるのでは!?」と驚くかもしれません。しかし、実は記憶を書き出すことで、事実を客観的で冷静に見つめられるようになります。

たとえば、「今日、おとなりさんに、こんな文句を言われた」と事実を書き、続いて「自分はこんな気持ちだった」と書き出します。

次に、「なぜおとなりさんはそう言ったのか」「自分はそのとき、なぜそんな気持ちになったのか」と原因まで書き出してみると、だんだん高ぶりが落ち着いてくることに気がつくはずです。

つまり、事実を書き出してみると、「おとなりさんに文句を言われた」というのは自分の受け止め方で、実際には「おとなりさんに注意されて悔しかった」という単純な出来事だったとわかるのです。

こうして、感情を抜きにして事実だけを受け止めたら、「後でお菓子でも持って行って、さりげなく謝っておこう」とか「自分も少し考えすぎだったから、もっと気を楽に持とう」などと気持ちを切り替えられるようになります。

ここで大事なのは「嫌なことは心に残る思い出にしないで、あくまで事実としてとらえること」です。

そうすれば、記憶に長く留まることはなくなります。

◎寺山修司に逆らって後ろを振り向いてみよう

ふりむくな
ふりむくな
うしろには夢がない

これは詩人・寺山修司の、昭和40年代に絶大な人気を誇った競走馬ハイセイコーにまつわる詩の一節です。

たしかに比較的若い世代が「昔はよかった」と過去ばかりに思いを馳せるのはいかがなものかと思いますが、**実はシニア世代にとっては「後ろを振り向くこと」もとても大切です。**

シニアが理由もなくうつ状態になったり、些細なことでキレたりするのは、たいていの場合、脳の退化が原因で起こります。こうした症状を防ぐのに効果的なのが「過去を振り返る」ことなのです。

脳が退化する理由のひとつに、DHEA（デヒドロエピアンドロステロン）という物質の不足があります。DHEAは本来、脳や副腎でつくられ、ストレスなどで傷ついた細胞組織を修復してくれるものです。また、性ホルモンの原料でもあり、そのためDHEAが不足すると、肌や筋肉が一気に老化してしまいます。欧米では「若返りホルモン」として脚光を浴びています。

最近の脳研究により、過去のよい思い出にアクセスすると、DHEAの分泌がさかんに促されることがわかってきました。昔の思い出にひたるなんて年寄りくさいと敬遠していたら、それは大間違いというわけです。

たとえば、ちょっとマンネリ気味というカップルに、ラブラブの頃よく泊まりに行ったリゾート地のペンションに行ってもらったところ、明らかにD

HEAの分泌量が増加したという実験結果があります。
また、認知症で身内の人の声にも反応しないお年寄りが、昔歌った童謡を聴くとそれを口ずさんだり、小学校の頃のことをはっきりと覚えている場合がよくあります。

ですから「近頃、気力が薄れてきたな」と感じたら、久しぶりに昔のアルバムを広げてみましょう。すると、楽しかった子供時代の思い出や、モテモテだった青春時代の日々がよみがえるはずです。この瞬間、脳にDHEAが大量に放出されます。

また、子供の頃から大切にしてきた「宝箱」を開けてみるのもいいでしょう。箱の中には思い出とともに「匂い」も封じ込められているはずです。**嗅覚というのは脳にとても強い刺激を与える**ので、こちらも効果は抜群です。
とくに、生まれてから10歳頃までの記憶に刻まれた「原風景」が、心に強い影響を与えることがわかっています。できるだけ昔のアルバムや宝箱を探してみるといいでしょう。

また、お手玉やめんこなど昔なつかしい遊びは、手先の神経を刺激すると同時に幼い頃の思い出を呼び覚まし、記憶の修復に役立ちます。

あるいは書店で、子供の頃に大好きだった絵本を買ってくるのもよい方法です。なつかしい絵本の世界はＤＨＥＡの分泌を促してくれます。その際、絵本は声を出して読むのがおすすめです。黙読するよりも音読するほうが脳をより活性化できるからです。

寺山修司ファンの方も、ここは「うしろをふりむくな」という彼の〝教え〟に逆らって、昔をなつかしんでみましょう。

◎健康への不安に過剰に反応しない

シニアと呼ばれる年代になると、どこかしら調子が悪いところがあるのがふつうの状態といっていいでしょう。ところが周囲の同年代の人が「脳梗塞を起こした」「けっこう進んでいるがんが見つかった」などといった話を耳にすると、「そういえば自分も……」と過剰に反応してしまう人が少なくありません。

少し前に、古くからある町の小さなクリニックを継いでいる後輩と話す機会がありましたが、そのとき彼は、最近、どう対応するのがベストなのかすぐには判断できない患者さんが増えていると言い、こう続けました。

「『なんとなく調子が悪くて……』とクリニックを訪れるシニアの方が多いんです。問診を続けても、決定的な症状があるわけではない。だから薬も処方できないのですが、患者さんは『それでは困る』と言います。しかたがないのでビタミン剤や、できるだけおだやかな強壮剤を出すようにしています」

私は、この話を聞いて「不健康ブーム」はまだ続いているのだなと実感しました。

「不健康ブーム」というのは、元北里大学名誉教授の故・立川昭二《たつかわしょうじ》先生が命名したもので、「健康ブームというのは、健康人が増えることではなく、むしろ、健康を気にかける人、健康に不安な人が増えることをいう。あるいは不健康ブームというほうが正確かもしれない」とのことから名づけられました。

たしかに健康の維持は大切だけど、健康にとらわれすぎると、かえって心身に悪い、と〝気にしすぎ〟に警鐘を鳴らしています。

気にしすぎといえば、「血圧がちょっと高めですね」と指摘しただけで、震え上がってしまうシニアが少なからずいらっしゃいます。たしかに、高血圧は脳卒中や心筋梗塞を起こす原因になります。しかし、**血圧は年齢とともに上昇していくものです。注意して日常生活を送っているのなら、必要以上に怯える必要はないと思います。**動揺していると、ますます血圧は上がりますから、かえってよくありません。

他の数値も、短期間での急激な変化がない限り、同様に考えていいでしょう。たとえば、血糖値が多少上がっていようが、それほど気にする必要はありません。「この数値はまずい。節制が足りないようだ」などと考えすぎると、それが逆にストレスになって健康に害が出かねません。先頃、90歳を迎えた作家の五木寛之さんも、「健康を過度に気遣うのは病気だ」と話しています。

前期高齢者といわれる年齢になったら、多少調子が悪いところがあっても当然と考えていたほうが、結果として健康的にすごせるでしょう。

◎70歳を過ぎたら幕の閉じ方も知っておこう

ひとり暮らしのシニアが突然倒れて、意識不明になったような場合、周囲の人がいちばん困るのは、当人がどのような処置を望んでいるのか見当がつかないことです。

「ひとり暮らしの人は遺言書を残しておくべきだ」とよく言われますが、それ以上にしっかり書いておくべきなのは、**突然の病気やケガで倒れたようなとき、あるいは自分の意思をはっきり伝えられなくなったときに、「どうしてほしいか」についてです。**

たとえば、認知症になった場合にはどうするつもりか。老人施設に入る場合には、どんな施設を望むのか。その経済的な裏づけは？　重篤な病気になった場合、延命治療をしてほしいかどうか。万一の場合の連絡先は？　などといったことです。

こうしたことを書いておくのにふさわしい〝場所〟は遺言書ではなく、「エンディングノート」です。

「エンディングノート」には、急に倒れた場合などに備えて、少なくとも次の2点は書いておくべきでしょう。

●してほしいこと（意識がなくなっても戻る可能性がある場合はできる限りのことをしてほしい、など）

●してほしくないこと（脳にひどいダメージを受けて意識がなくなった、意識が戻っても植物状態になる可能性が高いなどといった場合には延命治療はしてほしくない、など）

他にも以下のようなことを書いておくと、もしものとき、周囲の人を戸惑わせることはないでしょう。

・お金や大事なものの保管場所
・死についての基本的な考え
・希望する死の迎え方（自宅で、病院でなど）
・葬儀についての希望（宗教・戒名・葬儀の規模など）
・墓について（散骨や自然葬を希望するかなど）
・自分の死を伝えてほしい人のリスト
・子供や孫、その他の親族などへのメッセージ
・友人・知人へのメッセージ

ちなみにエンディングノートには法的効力はありません。定められた書式もないし、記載内容も自由です。既製のものは書店や文具店などで購入できますし、インターネットからのダウンロードも可能です。市販のノートなどに自分なりに書くのもＯＫです。

「エンディングノート」は置き場所にも気を配る必要があるでしょう。

ひとり暮らしの私の知人は、自宅の玄関を入ってすぐのところに電話機を置いていて、その電話機の下に「私に何かあったときは電話台の引き出しを開けてください。エンディングノートが入っています」というメモ書きを置いていています。

こんなケースもあります。ある人が外出先で突然倒れ、意識不明になりました。救急車で搬送された先で、身元を知るために所持品のカバンを開けると、中にあった手帳の表紙を開いたところに、大きなはっきりした字で、次のような一文が貼り付けてありました。

〈自分に何かが起こったときには、自宅のパソコンを開き、デスクトップの「エンディングノート」というファイルを開いてください。パスワードは○○△△です〉

パソコン上のエンディングノートには、延命治療は不要であること、葬儀も不要であることなどが書かれていたそうです。

死はどんな人の人生にも必ず訪れます。それがいつなのかは誰にもわかりません。でも、年齢を重ねていけば、その日は確実に近づいてくるのです。70歳を迎えたあたりで、自分の人生の幕の閉じ方にも目安をつけておくべきなのかもしれません。

自分が死んだときの始末をきちんと書き残しておく……。そこまでできて初めて、「一生を生き切った」といえるのではないでしょうか。

死は、その人の人生の大事な一部なのです。

◎おわりに
心の準備だけは怠らずに

「ひとり老後」の楽しみ方はご理解いただけたと思いますが、その楽しさはいつまでも続くわけではありません。何事にも〝終わり〟があります。

加えて、いくら元気でも高齢者には違いありません。いつ介護が必要になるかわからないし、病気に襲われることもあるかもしれません。そんなときに備えて、心の準備だけはしておきたいものです。

たしかに、今、元気で楽しいんだからそれでいいじゃないか、何かあったらそのときのこと、と思うのもひとつの考え方です。実際、いたずらに不安に怯《おび》えてばかりいたら、今このときの幸せを味わうことができないかもしれません。

しかし、不安に対して準備をしておくことも必要です。「そのうちに」などとのんきに構えていると、タイミングを逸してしまいかねません。

遺言状やエンディングノートなどを用意すると、それを目にするたびに最悪のことを考えて不安になるという人もいるかもしれません。

でも、それは逆です。

これだけちゃんと準備をしたのだから、あとは思いっきり楽しむだけ、と考えましょう。「備えあれば憂いなし」とはまさにこのことです。

ご愛読ありがとうございました。

●主要参考文献

・『「老後の不安」の9割は無駄』保坂隆著（KADOKAWA）
・『脳が若返る おとなの学び術』保坂隆著（海竜社）
・『自分らしく生きる「老後の終活術」』保坂隆著（PHP文庫）
・『還暦からの上機嫌な人生』保坂隆著（だいわ文庫）
・『50歳からのお金がなくても平気な老後術』保坂隆著（だいわ文庫）
・『60歳からの人生を楽しむ孤独力』保坂隆著（だいわ文庫）
・『1日1分！生涯現役の脳をつくる方法』保坂隆著（知的生きかた文庫）
・『人間、60歳からが一番おもしろい！』保坂隆著（知的生きかた文庫）
・『人生は、「定年後から」が面白い！』保坂隆著（知的生きかた文庫）

[著者]

保坂隆（ほさか・たかし）

1952年山梨県生まれ。保坂サイコオンコロジー・クリニック院長。慶應義塾大学医学部卒業後、同大学精神神経科入局。1990年より２年間、米国カリフォルニア大学へ留学。東海大学医学部教授（精神医学）、聖路加国際病院リエゾンセンター長・精神腫瘍科部長、聖路加国際大学臨床教授を経て、現職。また実際に仏門に入るなど仏教に造詣が深い。

著書に『精神科医が教える 心が軽くなる「老後の整理術」』『精神科医が教える お金をかけない「老後の楽しみ方」』（以上、ＰＨＰ研究所）、『人間、60歳からが一番おもしろい!』『精神科医が教える ちょこっとズボラな老後のすすめ』『精神科医が教える 繊細な人の仕事・人間関係がうまくいく方法』（以上、三笠書房）、『精神科医が教える 60歳からの人生を楽しむ孤独力』『50歳からのお金がなくても平気な老後術』『精神科医が教える すりへらない心のつくり方』（以上、大和書房）、『頭がいい人、悪い人の老後習慣』（朝日新聞出版）、『精神科医がたどりついた「孤独力」からのすすめ』（さくら舎）など多数、共著に『あと20年！ おだやかに元気に80歳に向かう方法』（明日香出版社）がある。

老いも孤独もなんのその「ひとり老後」の知恵袋

2023年　2月23日 初版発行
2023年10月　6日 第27刷発行

著者　保坂隆
発行者　石野栄一
発行　明日香出版社
〒112-0005 東京都文京区水道2-11-5
電話 03-5395-7650
https://www.asuka-g.co.jp
印刷・製本　美研プリンティング株式会社

ISBN 978-4-7569-2254-0